«¡Encontrar a Jesús en la eucaristía
debería ser como tocar el cielo,
y eso debería cambiar
cómo vivimos aquí en la tierra!»

— Matthew Kelly —

La Linda Eucaristía

wellspring

La Linda Eucaristía

Copyright © 2023
Kakadu, LLC y Dynamic Catholic
Publicado por Wellspring
Un sello de Viident

ISBN: 978-1-63582-519-0 (tapa blanda)
ISBN: 978-1-63582-524-4 (eBook)

Diseño de Ashley Dias

10 9 8 7 6 5 4 3 2

PRIMERA EDICIÓN

Impreso en los Estados Unidos de América

Contenidos

INTRODUCCIÓN: ASOMBROSO

— Matthew Kelly —

Durante la mayor parte de la vida pública de Jesús, la gente se aglomeraba a su alrededor.

Si estaba caminando en la calle, se aglomeraban a su alrededor. Si estaba comiendo en un hogar, la gente se aglomeraba a su alrededor.

Pero hubo dos ocasiones en las que la gente huyó de él.

La ocasión obvia fue después de su arresto y crucifixión. ¿Dónde estaban las multitudes que lo habían seguido? ¿Dónde estaba toda la gente que había sido testigo de sus milagros?

¿Dónde estaba toda la gente que él había sanado y alimentado? ¿Dónde estaban las multitudes que lo habían vitoreado cuando llegó a la ciudad hace menos de una semana? Por ningún lado. La otra vez cuando la gente huyó de Jesús fue cuando él habló acerca de la eucaristía. Él dijo: «Yo soy el pan de vida . . . Si no comen la carne del Hijo del Hombre ni beben su sangre, no tienen realmente vida» (Juan 6, 46, 53).

Inmediatamente después de esto, leemos en el evangelio: «Al escucharlo, muchos de sus discípulos exclamaron: "Esta enseñanza es muy difícil; ¿quién puede aceptarla?"» (Juan 6, 60). Y unas pocas líneas después, leemos: «Desde entonces muchos de sus discípulos le volvieron la espalda y ya no andaban con él» (Juan 6, 66).

Fíjate que Jesús no dijo: «Ay, regresen. Solo estaba bromeando. Hablemos de esto. Tal vez estaba equivocado. Quizás podríamos cambiar esta enseñanza. Podemos encontrar una solución.» No, él se volvió hacia sus discípulos, de la misma forma como se vuelve hacia nosotros hoy día, y les dijo: «Ustedes también quieren abandonarme?»

¿Vas a huir de Jesús o permanecerás a su lado?

La eucaristía está en el centro de nuestra fe. Exploremos qué es y qué significa para ti.

***

Hay muchas cosas que me encantan de ser un católico,

pero en primer lugar está la eucaristía. La mayoría de la gente nunca se ha detenido a pensar realmente acerca de ella, pero la eucaristía es asombrosa.

Una vez me preguntaron: ¿Qué tendría que ocurrir para que dejaras la iglesia católica? Pensé en esta pregunta por un largo tiempo. Examiné sistemáticamente los puntos más bajos a través de la historia de la Iglesia católica, preguntándome para cada uno de ellos si hubieran sido el punto de ruptura que me hubiera abandonar la Iglesia. Pero después de pensar cuidadosamente, decidí que nunca podría abandonar la Iglesia católica. La razón es que creo que Jesús está verdaderamente presente —en cuerpo, sangre, alma y divinidad— en la eucaristía. ¿Dónde mas puedo obtener la eucaristía?

Seguro que algunas otras iglesias pueden tener mejor música, pero desde una perspectiva más amplia, la música es trivial comparada con la eucaristía. Otras iglesias pueden tener predicadores más cautivantes, pero eso es trivial comparado con la eucaristía.

Cuando vamos a misa el domingo, el peligro es que pensemos que la música y la homilía son las cosas más importantes. No tomes las cosas triviales y les des importancia. Así son las cosas. Clarifica lo que es realmente importante, lo más fundamental en la vida, y la vida será mucho mas sencilla y agradable.

En la misa dominical, la homilía puede ser en un lenguaje que yo no entienda, la música puede ser un desastre, puede que haya niños corriendo por los pasillos, gritando a todo pulmón, tirando lápices de colores y comiendo bocadillos (o comiendo lápices de colores y tirando bocadillos), y eso está bien ya que el momento en el cual yo recibo la eucaristía es un momento crucial en mi semana. Es un momento de transformación, en el cual recibo la persona en la que quiero transformarme y los atributos que quiero tener. Y nunca podría dejar eso. No importa cuán buena sean la música y el sermón en otros lugares; no puedo dejar la eucaristía. No dejaré a Jesús. Espero que tu tampoco.

Cuando reflexiono sobre el don de la fe que he recibido, llego a la conclusión que una vez que creemos en la eucaristía, se nos da la gracia de mirar más allá de una mala homilía; la gracia de mirar más allá de una música poco inspiradora y la gracia de mirar más allá de la música que eleva nuestros corazones, mentes y almas. Porque encontrar a Jesús en la eucaristía está más allá de todas estas cosas, mucho más allá.

Esto distingue a la Iglesia católica: Jesús está verdaderamente presente en la eucaristía. La eucaristía es exclusivamente católica. Déjame hacerte una pregunta: Si tuvieras que pasar el resto de tu vida en una isla desierta y solo pudieras llevar contigo a cinco personas, ¿a quién llevarías?

Puedo decirles que un sacerdote estaría en mi lista de cinco personas. Sin sacerdote, no hay misa. Sin misa, no hay eucaristía. No puedo vivir sin la eucaristía. Mas importante aún, no quiero. Y una vez que llegues a comprender el poder de la eucaristía, tampoco querrás hacerlo.

Nací católico y moriré católico. Hay muchas razones para eso, pero ninguna es más persuasiva que la eucaristía.

***

Puede que estés pensando: «No estoy seguro si creo que Jesús está realmente presente en la hostia que recibo en la misa dominical.» No serías la primera persona que tenga dudas. Una gran fe a menudo va acompañada de una gran duda. Había un sacerdote que vivía en Lanciano, Italia, alrededor del año 700, que estaba plagado de dudas acerca de la Verdadera Presencia . . . hasta que llegó un día en que eso cambió. Después de ese día, nunca más dudó de que Jesús estaba verdaderamente presente en la eucaristía.

¿Qué pasó ese día? Me alegra que hayas preguntado.

Ese día, el sacerdote estaba celebrando la misa en una pequeña iglesia, pese a que estaba lleno de dudas sobre la Presencia Real de Jesús en la eucaristía. Mientras decía las palabras de la consagración («Tomad y comed todos de él, porque esto es mi cuerpo, que será entregado por vosotros»), el pan se transformó en carne viva y el vino se transformó en sangre ante sus propios ojos.

Hoy, puedes ir a Lanciano y ver la carne y la sangre que han permanecido ahí por más de mil trescientos años. La carne y la sangre han sido estudiadas por científicos en varias ocasiones, y se ha llegado a las siguientes conclusiones: La carne es carne humana real y la sangre es sangre humana real, la carne es tejido muscular cardiaco, y no hay evidencia alguna de conservantes o ningún otro agente químico presente.

Este es uno de los miles de milagros eucarísticos que han sido documentados a lo largo de la vida de la Iglesia.

En la última cena Jesús «tomó pan y, después de dar gracias, lo partió, se lo dio a ellos y dijo: "Este pan es mi cuerpo, entregado por ustedes; hagan esto en memoria de mí"» (Lucas 22, 19). Tomamos la palabra de Jesús. En la misa dominical, el sacerdote extiende sus manos sobre el pan y el vino simples y le pide al Espíritu Santo en el cuerpo y la sangre de Jesucristo. Si el Espíritu Santo puede hacer eso con el pan y el vino, imagina lo que puede hacer contigo si te abres a la experiencia de la Comunión.

No eres solo un cuerpo. Eres una delicada composición de cuerpo y alma. Si aún no lo has hecho, un día descubrirás que necesitas alimentar tu alma para vivir una vida plena y feliz. Y cuando llegue ese día, quiero que recuerdes este día, porque no hay mejor manera de alimentar tu alma que con la eucaristía.

La eucaristía es asombrosa. Dios mismo quiere nutrirnos. Dios mismo quiere alimentarnos espiritualmente. Dios quiere habitar en ti.

Algunos dicen que el pan y el vino son solamente símbolos del cuerpo y la sangre de Jesús, pero como católicos, eso no es lo que creemos. Y la evidencia que se encuentra en la Revelación Divina sugiere que no son solamente símbolos. La Escritura no sugiere un símbolo. Jesús no dijo: «A menos que comas un símbolo de mi carne y bebas un símbolo de mi sangre, no tendrás vida.» Y recuerda que hay dos aspectos de la Revelación Divina: La Escritura y la tradición. Desde los tiempos mas antiguos, los cristianos han creído que la eucaristía es el cuerpo y la sangre de Jesús resucitado, y no tan solo un símbolo.

¿Puedo probártelo científicamente? No. No todo puede ser explicado o probado científicamente. Si pudieras probar todo científicamente, la fe no sería necesaria. El misterio es algo real. Los seres humanos no lo sabemos todo. Si supiéramos todo, seríamos Dios, y hay abundante evidencia en nuestras vidas cotidianas que confirma que no somos Dios. La vida está llena de misterio, y el misterio es algo hermoso.

En el corazón del misterio que es la fe católica está la eucaristía. Espero que con cada año que pase en tu vida, explores y abraces más el misterio de la eucaristía.

Mientras más sabio seas, más cerca de Dios querrás estar. Y Dios quiere estar cerca de nosotros. San Francisco de Sales escribió: «En la eucaristía nos hacemos uno con Dios.» Ser uno con Dios es algo hermoso, y estés o no consciente, es tu anhelo más profundo. Tienes un anhelo insaciable de ser uno con Dios. Espero que comiences a escuchar ese anhelo.

Si deseas tener una experiencia que cambiará tu vida, encuentra una capilla de adoración en tu área y visítala. Siéntate allí en la presencia de Jesús durante una hora. Te sorprenderá lo poderosa que es la presencia de Jesús y cuánto te ensenará sobre ti y tu vida en una hora.

***

¿Cuándo fue la última vez que hiciste algo que sabías que no era bueno para ti? ¿Por qué lo hiciste? Piensa en las razones, inventa algunas excusas, pero al fin de cuentas todo se reduce a esto: tienes deseos desordenados que son muy difíciles de controlar.

¿Alguna vez has tratado de dejar un mal hábito y has fracasado? Si aún no te ha ocurrido, llegará un día en que intentarás liberarte de un hábito autodestructivo, pero te encontrarás impotente ante él. Usarás toda la fuerza de voluntad que puedas reunir, pero te encontrarás fracasando una y otra vez. Estos momentos de la vida pueden llenarte de humildad —y eso es bueno porque nos hacen darnos cuenta de nuestra necesidad de Dios y su gracia.

La gracia es la ayuda que Dios nos brinda para hacer lo que es bueno, lo verdadero, lo noble y lo recto. Y no hay mejor manera de recibir la gracia que mediante la eucaristía.

Hoy en día se habla mucho acerca de los superalimentos. Los superalimentos son ricos en nutrientes y en antioxidantes y mantienen tu sistema inmunitario fuerte para combatir las enfermedades. Algunos ejemplos incluyen jugo de granada, salmón, brotes de alfalfa, batatas, col rizada, ciruelas pasas, remolachas, manzanas y frijoles.

La eucaristía es el superalimento supremo para el alma, repleta de gracia para mantenerte espiritualmente saludable, darte la sabiduría y la fortaleza para escoger el camino correcto y combatir enfermedades como el egoísmo y otros vicios y malos hábitos relacionados. Y eso es solo una pequeña fracción del poder que tiene la eucaristía.

Cuando vayas a misa el próximo domingo, ten en cuenta que la eucaristía no es solo un símbolo. La eucaristía es Jesús. El mismo Jesús que sanaba a las personas con un toque. El mismo hombre que enseñó con más sabiduría que todas las demás personas que hayan pisado la tierra. Es quien alimentó a cinco mil personas con cinco panes y dos peces. El mismo Jesús que resucitó de entre los muertos.

Todos tenemos problemas. Todos tenemos luchas. Pero sea lo que sea que tengas, él lo puede manejar. Necesitas gracia. Puede que aún no lo sepas, pero cuanto antes te des cuenta, mejor. Y la eucaristía es la fuente suprema de la gracia que necesitas.

¿No es hora de que permitas que Dios libere el poder de la gracia en tu vida?

1. LA MISA ERA ABURRIDA... HASTA QUE ESTO OCURRIÓ

— Jackie Francois Angel —

Cuando era un niño, yo era un católico solo de nombre e indiferente y pensaba que la misa era aburrida.

Como estudiante de primaria, recuerdo quedarme dormido en el regazo de mi madre mientras escuchaba la voz temblorosa y desafinada del cantor y miraba los vitrales con mis párpados pesados mientras mi hermana golpeaba repetidamente el reclinatorio acolchado con su pie tembloroso y ansioso.

Mientras cursaba la escuela secundaria y la preparatoria, nuestras clases de catecismo y el ministerio juvenil ofrecían «misas educativas.» El sacerdote hacía pausas en diferentes momentos de la misa para explicar lo que estaba ocurriendo y explicaba por qué había hecho alguna acción, así como el significado de las oraciones.

Esto despertó un poco mi interés, pero sin una relación activa y viva con Jesús, era como aprender acerca de otro hecho histórico, parecido a las figuras políticas sobre las que estaba aprendiendo en la escuela. Podía apreciar el sentimiento detrás de la misa de la misma forma como un turista que no es religioso podría caminar por la Capilla Sixtina y apreciar las obras de arte y la historia.

Pero el verano después del último año de secundaria asistí a un retiro, y todo cambió.

Aunque había estado en muchos retiros y conferencias en la escuela secundaria (Jornada Mundial de la Juventud en Roma), esto fue diferente. Estaba en un lugar distinto (tanto física como espiritualmente), estaba rodeado de 30 otros estudiantes de secundaria de distintas partes del país a quienes no conocía y había algunas cosas que nunca había experimentado anteriormente. En este retiro de una semana de duración en particular, que condujo a una conferencia juvenil en Steubenville, encontré unas pocas cosas que cambiaron mi vida.

La primera fue los otros estudiantes de secundaria que estaban conmigo. Yo tenía 18 años y vi a estos estudiantes más jóvenes hablar sobre su fe católica en una forma viva, con alegría, profunda sabiduría y conocimiento. Pensé: «¿Cómo puedo haber sido católico toda mi vida y sin embargo no tenga la más mínima idea de qué están hablando estas personas? ¿Qué es una "Coronilla de la Divina Misericordia"? ¿Qué es un "Padre Pío"? ¿Qué diablos significa "PNF"?» Sentía que estaban hablando un lenguaje nuevo, y estaba atónito, asintiendo, pero sin la más mínima idea de lo que estaban hablando. Mientras tanto, Dios estaba despertando en mi corazón un deseo más grande que el que nunca había tenido, un deseo de conocerlo más profundamente.

La segunda cosa que cambió mi vida es que íbamos a misa diariamente (lo que yo nunca había experimentado, y mucho menos por una semana seguida), y teníamos múltiples encuentros con Jesús en la adoración eucarística, en la cual pasábamos tiempo cantando, orando, escribiendo un diario y permaneciendo en silencio. Esa semana despertó un fervor en mí: ya no quería ser solo un 50% católico. No quería ser ignorante de mi fe. No quería ser católico solo para seguir un «montón de reglas» o porque mi mamá me obligara. Quería una relación con Jesús por toda la eternidad.

Cuando regresé a mi casa después de ese retiro, comencé a ir a misa todos los días durante el verano a las

8 a.m. Aunque parecía que era la única persona menor de 80 años en la misa diaria, no me importaba. Quería recibir a Jesús tanto como fuera posible, y quería aprender todo lo que pudiera acerca de él. Comencé a leer todos los libros y documentos y enseñanzas de la Iglesia que pude obtener, ya sea que fueran acerca de la eucaristía, la apologética, los sacramentos o los santos. Comencé a memorizar la Escritura. Incluso empecé a escribir música sobre mi nuevo amor por Jesús.

Aunque no conocía el principio rector de San Anselmo, «La fe que busca la comprensión,» lo estaba viviendo. Sentí que todo lo que aprendí en los primeros 18 años de mi vida me entró por un oído y me salió por el otro. Pero ahora que realmente amaba a Jesús, mi fe me impulsó a buscar respuestas, y esta vez no las olvidé.

A medida que aprendí acerca de la misa con nuevos oídos y un nuevo corazón, mi mente se deleitó con la belleza, la verdad y la bondad de todo esto. Aunque ya había recibido a Jesús miles de veces en la eucaristía en mis primeros 18 años de vida, mis ojos se abrieron a esta hermosa alianza en la cual Jesús era el novio y yo era su novia. Aprendí que cada misa es una fiesta de bodas, un anticipo de la fiesta de bodas eterna del cielo, y que la eucaristía es donde nos hacemos una sola carne con nuestro amado Dios.

El Cardenal Ratzinger (futuro Papa Benedicto XVI) escribió en su libro *El Espíritu de la liturgia*: «En la eucaristía tiene lugar una comunión que corresponde a la unión del hombre y la mujer en el matrimonio. Así como ellos se convierten en "una sola carne," de la misma forma en la Comunión todos nos convertimos en "un espíritu," una sola persona, con Cristo.»

¡Qué asombroso que nos volvamos UNO con DIOS al recibir la eucaristía! De todas las formas posibles de intimidad con Dios, leyendo su palabra en la Escritura, orando en silencio, cantando en alabanza, mirando su rostro en la adoración eucarística: ESTA forma de ser UNO con Dios es la más grande. De hecho, como dice la Iglesia católica, es «fuente y cumbre de la vida cristiana» (CIC 1324) porque la eucaristía es Jesús mismo, cuerpo, sangre, alma y divinidad. La Iglesia católica dice que se llama «La sagrada Comunión, porque mediante este sacramento nos unimos a Cristo, quien nos hace partícipes de su cuerpo y sangre para formar un solo cuerpo» (CIC 1331). ¡Qué hermoso!

Si bien los primeros años de mi vida los pasé en la ignorancia de esta gloriosa realidad, sé que pasaré el resto de mi vida reflexionando, aprendiendo y saboreando la misa, y estando completamente maravillado y agradecido por poder participar en este pacto de amor.

CITA: «La felicidad que buscas, la felicidad que tienes derecho a disfrutar tiene un nombre y un rostro: es Jesús de Nazaret, escondido en la eucaristía.» Papa Benedicto XVI

PUNTO PARA PONDERAR: Cuando abraces una relación profunda, dinámica y personal con Jesús en la eucaristía, toda tu vida será transformada.

VERSO PARA VIVIR: «Vengan a mí todos ustedes que están cansados y agobiados, y yo les daré descanso. Carguen con mi yugo y aprendan de mí, pues yo soy apacible y humilde de corazón, y encontrarán descanso para su alma. Porque mi yugo es suave y mi carga es liviana» Mateo 11, 28–30.

ORACIÓN: Jesús, dame el valor para bajar la guardia, la gracia para dejar de resistirme a ti en todas las formas en que lo hago, y la sabiduría para encontrar el tiempo para sentarme en tu presencia cada día. Amén.

JACKIE FRANCOIS ANGEL es una oradora, cantante y compositora religiosa, líder de alabanza y presentadora del canal de YouTube @JackieFrancois. Junto a su esposo, es autora de *Forever: A Catholic Devotional for Your Marriage*.

¿QUIERES CRECER ESPIRITUALMENTE?

Lee

Your God is Too Boring

(*Tu Dios es Demasiado Aburrido*)

por Jon Leonetti

2. ¿POR QUÉ HACES ESO?

— Padre Mike Schmitz —

Fui a una universidad donde todos se reunían alrededor del altar durante la misa. Para la eucaristía, tenían pan fresco y sustancioso, en lugar de la hostia seca y crujiente. Cuando la gente distribuía la eucaristía, arrancaban pedazos del pan —el cuerpo— y te los entregaban. Lo lamentable fue que después de la misa, alrededor del altar en el suelo estaban todas estas migajas de la eucaristía.

Recuerdo en mis años de universidad, siempre veía a este tipo. Estaba en mi clase y era un hombre más bien destacado en el campus. Era un atleta, y todos lo estimaban. Él era súper divertido. Después de que todos salieran de misa y todos estuviéramos en la parte de atrás de la iglesia, este tipo iba alrededor del altar sobre sus manos y rodillas, comiendo las migajas de la eucaristía del piso.

Recuerdo haber estado en la parte de atrás de la iglesia, pensando, «Amigo, eso es raro. Estás haciendo el ridículo.» Pero después de un tiempo finalmente le pregunté: «Amigo, ¿por qué haces eso?»

Me contó que cuando tenía 15 años, había escuchado una historia:

Cuando los comunistas llegaron al poder en China, una de las cosas que querían hacer era suprimir la religión, especialmente el cristianismo. En un momento dado, llegaron a un pueblo, se llevaron al cura y lo encerraron en la casa al lado de la iglesia. A continuación, entraron a la iglesia y simplemente destrozaron el lugar. Volcaron los bancos y rompieron la Biblia.

El sacerdote estaba sentado en la ventana, mirando hacia afuera de su rectoría, observando cómo destruían la iglesia, sin poder hacer nada.

En un momento dado, los soldados tomaron el tabernáculo y lo arrojaron por la ventana. Atravesó la ventana, golpeó el suelo y explotó. La eucaristía se cayó y se esparció por el suelo. El cuerpo de Jesús, este cuerpo que fue entregado por él, fue desechado en el suelo

Debido a que el sacerdote estaba bajo arresto domicili-

ario, todo lo que podía hacer era pararse allí y observar con Jesús. En consecuencia, se quedó allí, con la eucaristía en el suelo frente a su ventana. Al caer la noche, vio una figura que se acercaba más y más, saltando de sombra en sombra. Y al acercarse, reconoció que era una niña de 12 años de su parroquia.

Ella había visto lo que habían hecho los soldados y había visto la eucaristía en el suelo. Así que esperó a que cayera la noche y furtivamente se acercó a la eucaristía. Cuando era pequeña, le enseñaron a no tocar la eucaristía con las manos, así que se arrodilló e inclinó el rostro hacia el suelo. Recogió la eucaristía del suelo con la lengua, se puso de pie y se persignó. También le enseñaron que solo se comulga una vez, así que se levantó y luego se escabulló, adentrándose en la oscuridad de la noche.

El sacerdote sabía exactamente cuántas hostias consagradas del cuerpo de Cristo había allí. Noche tras noche, esta niña seguía regresando. Se escabullía hacia las hostias abandonadas, se arrodillaba y recibía la eucaristía del suelo, se persignaba, se levantaba y huía hacia la oscuridad de la noche, hasta la última noche.

Él sabía que era la última vez y que después de esta última noche, ella estaría a salvo. Ya no tendría que seguir *regresando y arriesgando su vida.*

Esa última noche, la vio acercarse mientras oraba. Se acercó más y más, se arrodilló y con la lengua recibió a Jesús del suelo y se persignó. Este hermoso ritual hizo llorar al sacerdote.

Pero cuando la niña se levantó, golpeó algo y un ruido resonó en la noche; su corazón se detuvo por un momento, y el sacerdote sintió que su corazón se llenó de miedo por la seguridad de la niña.

Dos soldados comenzaron a correr hacia ella. Cuando vieron lo que estaba haciendo, mataron a golpes a la niña de 12 años con las culatas de sus rifles.

Después de contarme esta historia, este tipo me miró y dijo: «¿Por qué hago esto? Es por eso. Porque una gota de la preciosa sangre de Jesús es suficiente para salvar al mundo. Y una migaja del cuerpo de Jesús es suficiente para salvar al mundo. Entonces, ¿por qué como las migajas de Jesús del suelo? Porque no puedo hacer otra cosa. Porque él se entrega por completo a mí. No puedo dejar de entregarme por completo a Él.»

CITA: «Esta mañana mi alma es más grande que el mundo porque te posee a ti, a quien el cielo y la tierra no contienen.» Santa Margarita de Cortona

PUNTO PARA PONDERAR: ¿Cuándo fue la última vez que hiciste algo de todo corazón? Jesús se entrega por completo a ti en la eucaristía. ¿Cómo cambiaría tu vida si te entregaras por completo a él?

VERSO PARA VIVIR: «Sé lo que es vivir en la pobreza, y lo que es vivir en la abundancia. He aprendido a vivir en todas y cada una de las circunstancias, tanto a quedar saciado como a pasar hambre, a tener de sobra como a sufrir escasez. Todo lo puedo en Cristo que me fortalece» Filipenses 4, 12–13.

ORACIÓN: Señor, quita la ceguera de mis ojos, la dureza de mi corazón, y acércame a ti más que nunca. Amén.

PADRE MIKE SCHMITZ es el autor de *How to Make Great Decisions* (*Cómo tomar grandes decisiones*). Actualmente dirige el Centro Newman en la Universidad de Minnesota-Duluth y también es el director del Ministerio de Jóvenes y Adultos Jóvenes de la diócesis. Esta reflexión fue adaptada de la charla del Padre Mike Schmitz en la Conferencia SEEK2015.

¿QUIERES CRECER ESPIRITUALMENTE?

Lee

How to Make Great Decisions

(*Cómo tomar grandes decisiones*)

por el Padre Mike Schmitz

y

Understanding the Mass:

100 Questions 100 Answers

(*Entendiendo la misa: 100 preguntas, 100 respuestas*)

por Mike Aquilina

3. ¿SABES ADÓNDE TE DIRIGES?

— *Lisa M. Hendey* —

Decir que me enamoré por primera vez de la eucaristía antes de que mis recuerdos conscientes tomaran forma no es una exageración. Mis padres eran novios en la escuela secundaria, residentes de Indiana de toda la vida que se casaron pocas semanas después de graduarse de la universidad. Cuando llegué a este mundo, en junio de 1963, dos meses antes de su primer aniversario, me colocaron a mí y algunas pertenencias en el asiento trasero de su automóvil y se dirigieron al oeste para reunirse con unos amigos en California. Católicos de toda la vida, mi mamá y mi papá se aseguraron de que me bautizaran en Indiana antes de embarcarse en lo que asumieron sería una aventura de uno o dos años.

Por esa misma época, un joven pastor irlandés estaba

fundando una pequeña parroquia en el sur de California.

El llamado vocacional del padre Michael Collins lo había llevado desde el condado de Limerick en la Europa devastada por la guerra hasta el territorio misionero del condado de Orange, en California. Mientras mis padres conducían hacia el oeste, el Padre Collins animaba a los fieles en sus límites territoriales a que transformaran un huerto de tomates de diez acres en una iglesia y una escuela católica vibrantes. Mis padres encontraron nuestro nuevo «hogar» en la iglesia mucho antes de que pudieran pagar su primera casa. En Santa Bárbara, nuestra familia creció y se convirtió en lo que pronto serían cinco hijos. Eventualmente, mis padres compararon una casa suburbana que fue nuestro hogar y sentimos que Santa Bárbara era nuestro hogar.

Crecí en la década de los sesenta, y mis primeros recuerdos de la misa incluyen tanto un comulgatorio como el canto de canciones populares que de alguna manera podrían estar relacionadas con los temas del Evangelio que el Padre Collins predicaba cada domingo. Mi educación en la fe recayó no solo en mis padres, sino también en dos órdenes de hermanas religiosas muy dispares. Mis primeras maestras, las Hermanas Clarisas

Capuchinas Misioneras de México, eran estrictas y exigentes. Sus eventuales reemplazos, las Hermanas de San Francisco de Syracuse, Nueva York, llegaron a nuestra escuela en los años setenta con patinetas y guitarras. Estas santas mujeres que amaban a Cristo y a nuestra comunidad encarnaron el espíritu y el celo de las enseñanzas del Vaticano II, que estaban siendo promulgadas mundialmente.

De las Hermanas Clarisas aprendí disciplina espiritual y generosidad intencional. De las Hermanas Franciscanas aprendí que Dios me amaba incondicionalmente y que nuestra Iglesia necesitaba mis dones y participación, incluso en mi niñez. Del Padre Collins aprendí que la Escritura está destinada a ser leída, compartida y vivida. El Padre nos enseñó que la misa era un acto vibrante de adoración, y que la eucaristía era la presencia verdadera de Jesucristo. En mi cerebro infantil, asumí que Dios tenía un acento irlandés como el sacerdote que lo amaba con mayor intensidad que cualquier otro amor que yo conociera. Todavía no estoy convencido de que Dios no suene como ese sacerdote irlandés que llevó a miles de familias a conocer y amar la eucaristía y amar a los demás.

El amor del Padre Collins por la misa transformó nuestra parroquia de personas que pasaban una hora a la semana en la iglesia en misioneros llamados a vivir las enseñanzas sociales de la Iglesia. Cuando era niña pequeña, me involucré en el ministerio de la música y con frecuencia asistía a misa dos o tres veces los domingos, siempre ansiosa por servir. Nuestros respiros familiares después de la misa los domingos por la tarde incluían un famoso juego de «Preguntas acerca de la misa» en la cual mi papá ponía a prueba nuestra comprensión mientras mi mamá tomaba un necesario descanso. El profundo amor del Padre Collins por el rosario impregnó nuestra cultura familiar. Pero lejos de ser una oración rutinaria, nuestra recitación familiar de las décadas nos unió a un amor cada vez más profundo por Jesús y una confianza en la intercesión de su madre. En Santa Bárbara, amar la eucaristía significaba amarse y cuidarse unos a otros y amar a cualquiera que conociéramos que estuviera en necesidad.

Cuando llegué a la Escuela Secundaria Mater Dei en el otoño de 1977, mi amor por la misa y la eucaristía se profundizaron. Como estudiantes, planeábamos los servicios de comunión diarios, ministrándonos unos a otros con palabras y cantos y recibiendo la eucaristía. Recibir a Jesús en la sagrada comunión antes del almuerzo todos los días era una parte tan importante de mi rutina en Mater Dei como ir a mi casillero o visitar a mis amigos. Cuando me matriculé en la Universidad de Notre Dame en 1981, esa rutina continuó. Fue fácil y divertido participar en la misa diaria en la cripta de la hermosa basílica o en uno de los muchos dormitorios del campus donde se ofrecía la misa nocturna. Mis experiencias de estudio en el extranjero me dieron la oportunidad de visitar los grandes santuarios de Europa, el primero de muchos lugares en todo el mundo donde recibiría la eucaristía y la alabanza. A pesar de mi incapacidad para entender algunos de los idiomas que se hablan en esas ciudades, sabía que estaba en mi «hogar.»

Incluso después de años de clases de religión y teología a nivel universitario, mi fe era tan simple como la de mi santa patrona elegida, Teresa de Lisieux. Yo amaba a Jesús. Amaba la misa. Amaba lo que creía que era la eucaristía: Jesucristo, en cuerpo y alma, viviendo dentro de mi corazón. No disponía de terminologías formales profundas para explicar los preceptos de mi fe. Pero yo sabía más allá de toda duda que Jesús estaba realmente presente en la eucaristía. Y, por lo tanto, anhelaba experimentar ese regalo todos los días, a pesar de las muchas formas en las que sabía que no era digno de tal gracia. Las enseñanzas del Padre Collins, el ejemplo simple pero sólido de mis padres y el entorno que me rodeaba en Notre Dame avivaron mi confianza vibrante, aunque no probada, en la misericordia y el amor de Dios. Pronto fui una mujer de veintidós años parada ante el altar en la Basílica del Sagrado Corazón casándome con el hombre de mis sueños. Cuando Greg y yo nos conocimos y nos enamoramos durante nuestro último año en Notre Dame, el hecho de que él no fuera católico no me preocupó. Participamos en gran parte de la preparación de Pre-Caná, discutiendo cómo cooperaríamos mutuamente para criar a nuestros hijos en la fe católica mientras que Greg continuaría discerniendo su propio camino espiritual. Yo no tenía un sentido real de lo que eso significaba. Simplemente confié en que mi amor por mi fe y por este hombre maravilloso sería suficiente, y que Dios nos ayudaría a encontrar el camino a seguir.

Mirando hacia atrás más de treinta y cinco años desde que nuestro amado Padre Collins nos guio a través de nuestra declaración de esos votos matrimoniales, puedo ver cómo nuestra confianza en el plan de Dios y mi amor perdurable por la verdadera presencia de Cristo en la eucaristía me han sostenido.

Mi fe inmadura sobrevivió a los primeros años cuando juzgué a mi esposo por lo que yo percibía como sus defectos, ya que el mismo Greg finalmente encontró su camino hacia la Iglesia y la mesa eucarística en el tiempo de Dios, no en el de Lisa. Resulta que la persona que verdaderamente necesitaba conocer a Cristo más plenamente era yo. Cuando dejé de juzgar el camino de Greg hacia Jesús y comencé a priorizar el mío, la gracia se derramó en nuestro matrimonio. Mi fe en el amor de Dios me ha permitido aceptar que el viaje de Greg y el de nuestros hijos, sus esposas y nuestros nietos son únicamente suyos y no míos para guiarlos, controlarlos o dictarlos. Siempre rezaré por ellos. Pero su camino hacia lo divino solo les pertenece a ellos.

Mi frágil fe también ha resistido el fallecimiento prematuro de mis padres, demasiado pronto con unos pocos meses de diferencia.

Creo con certeza que ahora descansan hasta el fin de los tiempos en los brazos de nuestro salvador, que su gozo es completo a la luz del rostro de Dios.

Mi historia tiene un comienzo simple, capítulos intermedios complejos y un final que aún espera ser escrito. A pesar de mis frustraciones ocasionales con las maquinaciones de la Iglesia institucional y las fechorías de su pueblo, incluida yo misma, sigo total e inexorablemente ligada al don de Jesucristo, verdaderamente presente en la eucaristía. Me faltan las palabras adecuadas para describir esta bendición, así que a menudo recurro a las de los santos. Cuando amigos de diferentes religiones o aquellos que han sido separados de la Iglesia me cuestionan o intentan debatir, simplemente les pido que oren por mí, para que sea digna del amor generoso que Dios comparte conmigo. Y les comparto que espero que ellos también experimenten este amor.

Amar a Dios y ser amado por Dios no es una panacea que nos ayuda a evitar el sufrimiento o las dificultades en nuestras vidas. A veces, mi corazón está tan lleno de diversas emociones después de haber recibido la comunión que me conmuevo hasta las lágrimas silenciosas.

La eucaristía no es una poción para obtener poder o un portal a la vida perfecta. Es, más bien, un bálsamo, un cálido abrazo, un don indescriptible que nos obliga, a su vez, a dar a quienes nos rodean. Al recibir a Jesús, especialmente en nuestro quebrantamiento y necesidad, somos llamados a un amor generativo. Somos los amados de Dios en un mundo que tiene una gran necesidad de los mismos dones que Jesucristo vino a dar. Mediante, con y en él, la esperanza se desborda.

CITA: «El veneno más letal de nuestro tiempo es la indiferencia. Y esto sucede aunque la alabanza de Dios no debiera conocer límites. Por lo tanto, esforcémonos por alabarlo en la mayor medida de nuestras fuerzas» San Maximiliano Kolbe.

PUNTO PARA PONDERAR: Cada capítulo de tu vida hasta ahora ha sido tocado por la gracia de Dios, incluso si no pudiste verlo en ese momento.

VERSO PARA VIVIR: «Porque yo sé muy bien los planes que tengo para ustedes —afirma el Señor—, planes de bienestar y no de calamidad, a fin de darles un futuro y una esperanza» Jeremías 29, 11.

ORACIÓN: Señor, abre mis ojos para ver las formas en que te has movido en mi vida en el pasado, para que pueda tener fe en que te estás moviendo en mi vida hoy, y espero que continúes moviéndote en mi vida en el futuro. Amén.

LISA M. HENDEY es la fundadora y editora del blog «Catholic Mom» y la autora del libro superventas *The Grace of Yes: Eight Virtues for Generous Living La gracia del sí: Ocho virtudes para una vida generosa*) y *The Handbook for Catholic Moms (El manual para las mamás católicas)*. Ella viaja internacionalmente, ofreciendo talleres de la fe y la familia, y es una invitada habitual en programas de radio y televisión.

¿QUIERES CRECER ESPIRITUALMENTE?

Lee

The Secret of the Shamrock

(*El secreto del trébol*)

por Lisa M. Hendey

y

Made for More

(*Hecho para más*)

por Curtis Martin

4. LO QUE APRENDÍ DE UN MUSULMÁN ACERCA DE LA EUCARISTÍA

— *Peter Kreeft* —

La mayoría de los católicos probablemente no creen que puedan aprender nada sobre la eucaristía de un musulmán o de personas de otras religiones en general. Esta es la historia de lo que aprendí.

Sí lo hacemos, dijo Juan.

Tu Iglesia enseña que él está realmente presente allí, ¿sí?

Eso que está ahí, ¿es el hombre que era Dios?

Sí. La formula es «cuerpo y sangre, alma y divinidad.»
¿Y tú crees eso?

Sí.

Isa hizo ademán de decir algo, pero lo reprimió. Juan le aseguró que no se ofendería.

Finalmente, de mala gana, Isa dijo: *No entiendo.*

Entiendo como te sientes. Suena muy impactante.

No, no entiendes. Eso no es lo que quiero decir.

Lo tomarás como un insulto, pero esa no es mi intención.

Te prometo que no lo tomaré como un insulto. Pero realmente quiero saber lo que tienes en mente.

Muy bien entonces ... No creo que realmente creas eso.

No quiero decir que seas deshonesto, pero ...

Creo que sé lo que quieres decir. No puedes empatizar con alguien que cree algo tan impactante. No ves cómo podrías ponerte de rodillas ante ese altar.

No, no veo cómo podría levantarme. Si creyera que esa cosa que parece un pequeño trozo de pan redondo es realmente Alá mismo, creo que simplemente me desmayaría. Caería a sus pies como un hombre muerto

Juan miró cuidadosamente mi reacción mientras yo relataba las palabras de Isa. Mis ojos se abrieron y él sonrió. «¿Qué le dijiste?» le pregunté.

«Nada. Luego, después de un tiempo, simplemente le dije: "Sí."» Juan es un hombre sabio.

Esta historia me hizo pensar en los males de nuestra cultura tanto fuera como dentro de la Iglesia. Todo estadounidense sabe que nuestra cultura está en crisis. Y todo católico sabe que la crisis ha contagiado tanto a la Iglesia como al mundo. Pero, ¿cuál es la raíz de la enfermedad? Como dice Santo Tomás de Aquino, el objeto primario de la fe es una realidad, no una proposición (aunque las proposiciones son indispensables). No existe la proposición Dios, sino Dios; no la doctrina de la resurrección, sino la realidad de la Resurrección; no los credos acerca de Cristo, sino la presencia real de Cristo, es el punto crucial y la crisis. Es una crisis de falta de Cristo.

La crisis de fe en la Iglesia es una crisis de fe en la presencia real de Cristo. La raíz más profunda del aburrimiento e ineficacia de la mayoría de las parroquias, los laicos, el clero, las homilías, las liturgias, la música, la catequesis, los programas y todas las actividades adicionales del estilo de Marta no es la herejía o la apostasía, sino simplemente la lejanía de la persona.

Preguntémonos honestamente: ¿Por qué las sectas y denominaciones evangélicas, fundamentalistas y protestantes pentecostales han tenido tanto más éxito en las Américas durante la última generación? ¿Por qué un católico, que está en posesión de la plenitud de la fe, del evangelio completo, lo cambiaría por una fe parcial? No se debe principalmente a una desafección por las cosas que los católicos tienen y los protestantes no: historia, tradición, papas, santos, sacramentos, etc. Más bien, se debe a un afecto por lo único que los católicos tienen pero no saben que tienen; de hecho, lo principal que tienen los católicos es Cristo. Estos católicos nunca conocieron a Jesucristo en la Iglesia, pero sí encontraron a Cristo presente en las almas y vidas de los protestantes. Irónicamente, la Iglesia tiene una presencia que estos protestantes ni siquiera pretenden tener: una presencia real objetiva y perfecta en la eucaristía, digna de adoración, no solo una presencia subjetiva e imperfecta en las almas. Cristo está real, verdadera, objetiva y plenamente presente en la eucaristía, escondido bajo las apariencias del pan y del vino, como lo estuvo en las calles de Nazaret o en la cruz.

¡Y eso es lo que estamos dejando de lado!

El problema central de la Iglesia de hoy es que la mayoría de la generación que ahora se está convirtiendo en adulta, la generación educada por los textos del CDC llenos de lugares comunes mortales, simplemente no conocen a Jesucristo. No solo desconocen la doctrina correcta acerca de él (aunque eso también falta trágicamente), sino también de Cristo mismo, Su presencia real. Nada menos que Cristo podría haber cristianizado el mundo, nada menos que la ausencia de Cristo lo ha descristianizado, y nada menos que Cristo puede recristianizarlo. ¿Qué sucede cuando la presencia real de Cristo es conocido? Lee los evangelios y descúbrelo. Los evangelios no son meros registros históricos; continúan, suceden, porque aquel que presentan no está muerto, desaparecido y pasado, sino vivo, aquí mismo y ahora mismo.

¿Dónde está presente él ahora? en su Iglesia. Esto significa esencialmente dos cosas. Primero, él está presente en los sacramentos de la Iglesia, principalmente en la eucaristía. Segundo, él también está presente en los miembros de la Iglesia, en las almas y vidas de aquellos que han creído en él. ¡Qué tragedia que tantos protestantes no conozcan esa primera presencia! ¡Y qué tragedia igual que tantos católicos no conozcan el segundo!

¿Qué pasará si también descuidamos el primero? ¿Qué sonido oiremos en sustitución del gran silencio de la adoración eucarística? El mismo sonido que escuchamos del Consejo Nacional de Iglesias: el sonido de los ataúdes que se construyen, el sonido de los troncos muertos que caen.

¿Y qué escucharemos si redescubrimos su presencia y lo adoramos? El mismo sonido que escuchamos en los evangelios: el sonido de un fuego llameante, el repiqueteo de huesos secos que cobran vida, los gritos de alegría que resuenan a través de la Escritura y de los grandes himnos protestantes antiguos.

¿Cómo recuperamos esta alegría? No mediante ningún truco o artificio humano, sino reconociendo la presencia real y respondiendo con adoración. Y el lugar primordial de la presencia real es la eucaristía

¿Qué nos detiene, entonces? ¿Cuál es la objeción a la adoración eucarística? No es que sea difícil o requiera algún don o educación especial. Los únicos requisitos son la fe y el amor.

¿Cómo puede esto significar que puedes ayudar a la Iglesia y al mundo sentándote en un edificio oscuro sin hacer nada? No puedes. Pero puedes, sin embargo, ayudar mucho a ambos haciendo algo: adorar a Cristo, que está realmente presente allí en la eucaristía. Pero, ¿qué haces cuando adoras? Dejas que Dios haga las cosas. Él forma nuestra mente y nuestro corazón si se los entregamos.

Eso suena quietista o budista. Los budistas a menudo entienden el poder superior del silencio sobre el discurso y de la contemplación sobre la acción mejor que los católicos de hoy. Al servir una taza de té verde, detuve la guerra. ¿Cómo puede beber té detener la guerra? Cambiando las almas, que son las fuentes de la guerra. Tocando la raíz, no las ramas.

¿Qué tiene que ver eso con la adoración eucarística? Allí también tocamos la raíz, la raíz de todo, que es Cristo Pantocrátor. Y cuando tocamos esta raíz, la raíz de toda vida con nuestra propia raíz, nuestro corazón, acercamos nuestra vela a su fuego. Tocamos un poder infinitamente mayor que la energía nuclear, el sol o el big bang.

¿Qué poder es ese? La sangre y el cuerpo de Cristo.

CITA: «Todas las respuestas están en el tabernáculo» Matthew Kelly.

PUNTO PARA PONDERAR: Cada problema que enfrentas puede ser resuelto por la presencia de Jesús. Invítalo a participar en los acontecimientos de tu vida.

VERSO PARA VIVIR: «La actitud de ustedes debe ser como la de Cristo Jesús, quien, siendo por naturaleza Dios, no consideró el ser igual a Dios como algo a qué aferrarse. Por el contrario, se rebajó voluntariamente, tomando la naturaleza de siervo y haciéndose semejante a los seres humanos. Y, al manifestarse como hombre, se humilló a sí mismo y se hizo obediente hasta la muerte, ¡y muerte de cruz!» Filipenses 2, 5–8.

ORACIÓN: Señor, une a los hombres y mujeres de fe alrededor del mundo, para que juntos, a pesar de nuestras diferencias y desacuerdos, podamos luchar contra el mal que pretende robar a nuestros hijos y a sus hijos el derecho a rendir culto. Amén.

PETER KREEFT es el autor de *Jesús Shock* (*El shock de Jesús*) *Making Sense out of Suffering* (*Encontrándole el sentido al sufrimiento*) y *Making Choices: Practical Wisdom for Everyday Moral Decisions* (*La toma de decisiones: Sabiduría práctica para las decisiones morales del día a día*). Él es un estimado profesor de filosofía en el Boston College y un orador de renombre. Esta reflexión fue adaptada de su artículo: «Lo que aprendí de un musulmán sobre la adoración eucarística.»

¿QUIERES CRECER ESPIRITUALMENTE?

Lee

Jesus Shock

(*El shock de Jesús*)

por Peter Kreeft

y

Rediscover Jesus

(*Redescubrir a Jesús*)

por Matthew Kelly

5. SALGAMOS A UN LUGAR TRANQUILO

— *Jenna Greiwe* —

Mi fe cobró vida en mi primer año de secundaria. Hubo un puñado de personas que formaron parte de la creación de esa chispa, pero ninguna tanto como Angie.

Angie era la ministra de jóvenes en mi parroquia local y le dio vida a Jesús para mí. Todos los domingos me decía que Jesucristo me amaba y que si yo fuera la única persona que hubiera vivido, Jesús aún habría muerto por mí. No lo aprecié completamente en ese momento, pero escucharla decirme eso una y otra vez fue una fuerza poderosa en mi vida.

Solía preguntarme cómo sabía Angie que Jesús me amaba tanto y cómo podía decirlo con tanta convicción. Ciertamente no compartía su confianza en ese momento. Mi fe era superficial. Casi todo lo demás en mi vida tenía prioridad sobre mi relación con Jesús. ¿Qué podía ver Angie que yo no veía? ¿De qué estaba consciente ella que a mí se me escapaba? No tuve que ir muy lejos para darme cuenta de cómo Angie podía creer con tanta fuerza. Al menos una vez al mes, llevaba a nuestro grupo de jóvenes a orar juntos frente al santísimo sacramento en adoración. Docenas de niños se arrodillaban y se sentaban frente al altar.

Era un espectáculo digno de ser visto. En un mundo de ajetreo y ruido, con distracciones cada vez mayores como los teléfonos y las redes sociales, había un grupo de adolescentes que pasaban tiempo en silencio y quietud. Angie fue nuestra guía en estas aguas profundas. Ahora que miro hacia atrás, me doy cuenta de que Angie vivió el llamado de Jesús de «Ven a un lugar tranquilo» mejor que nadie que haya conocido.

Fue allí, en el lugar tranquilo de adoración, que Angie me mostró cómo conectarme con Jesús en un nivel más profundo y personal de lo que nunca pensé que era posible. Nunca olvidaré las palabras que pronunció en el primer viaje de nuestro grupo a la capilla.

«Solo imagina a Jesús como si estuviera sentado allí en el altar, porque lo está. Él solo te está hablando a ti y tú le estás hablando a él. ¿Qué quiere decirte? ¿Qué quieres decirle?»

Suena simple, pero eso cambió todo para mí. Cuanto más tiempo pasaba con Jesús en la eucaristía, más personal se volvía su presencia. Y los frutos que inundaban mi vida después de cada visita eran evidentes: quietud, sosiego, oración y alegría. En medio del caos, los problemas y la ansiedad estaba Jesús.

Algo más comenzó a suceder también. Después de cada vez que iba a la adoración, la próxima vez que recibía la eucaristía el domingo era una experiencia radicalmente más significativa. Por supuesto, eso tiene mucho sentido ahora, pero experimentarlo entonces era como que me mostraran un secreto que me había estado perdiendo toda la vida. Jesús estaba realmente allí, en esa diminuta hostia blanca.

Ese proceso de profundización continuó durante unos dos años hasta que finalmente me sentí lista para dar el siguiente paso. Era mi primer año de secundaria cuando decidí visitar una iglesia por mi cuenta y pasar tiempo con Jesús totalmente a solas. Recuerdo haber entrado en esa iglesia completamente vacía. El silencio era ensordecedor y refrescante a la vez. Recordé el consejo de Angie y me imaginé a Jesús en el altar y comencé a hablar. No pasó nada extraordinario. No hubo grandes revelaciones. Simplemente encontré la paz y la calma que siempre tuve. Pero tomar esa decisión de buscar a Jesús en un lugar tranquilo yo misma ... ese fue el momento en que realmente hice mía la fe.

En los años transcurridos desde entonces, encontrar el tiempo y la energía para buscar un lugar tranquilo se ha vuelto más difícil. Mucho ha cambiado. Ahora soy mamá soy una esposa Tengo un trabajo de tiempo completo. El mundo ha cambiado. Es aún más ruidoso y caótico de lo que era entonces.

Pero es exactamente por eso que ahora, más que nunca, necesito la claridad y la paz que proporciona la adoración. Así que hago lo que puedo. Cuando no puedo encontrar tiempo a solas, llevo a mi hijo conmigo y trato de enseñarle que Jesús está allí. En los días ocupados, trato de pasar cinco minutos con Jesús en una capilla tranquila. Porque incluso esa pequeña dosis de silencio y quietud es suficiente para seguir adelante.

Sin ese tiempo con Jesús, mi vida se desmoronaría tan rápido que te llegarías a sentir mareado. Lo digo en serio. Nueve de cada diez veces, cuando la confusión, la ansiedad y el agobio se apoderan de mi vida, puedo rastrear una cosa: no he estado buscando a Jesús en la quietud de la adoración. Tan pronto como regreso, mis problemas no tan solo desaparecen, sino que la paz vuelve a ser posible y, en la mayoría de los casos, el próximo paso correcto se hace claro.

Así que esto es lo que quiero alentarte a que hagas. Cuando estés lleno de preocupación, ansioso por tener esperanza, buscando claridad o simplemente necesites un momento de paz, ve a un lugar tranquilo y visita a Jesús en la eucaristía. Simplemente háblale como si estuviera sentado en el altar.

Él te dará exactamente lo que necesitas.

CITA: «Nos convertimos en lo que amamos y lo que amamos da forma a lo que nos convertimos» Santa Clara de Asís.

PUNTO PARA PONDERAR: Vivimos en un mundo ajetreado y ruidoso, pero no aceptes ciegamente que tu vida no tiene otra opción que estar ocupada y ruidosa. Busca el descanso que el silencio trae naturalmente a tu corazón, mente, cuerpo y alma.

VERSO PARA VIVIR: «Y, como no tenían tiempo ni para comer, pues era tanta la gente que iba y venía, Jesús les dijo: "Vengan conmigo ustedes solos a un lugar tranquilo y descansen un poco"» Marcos 6, 31.

ORACIÓN: Señor, cada vez que estoy lleno de preocupación, ansioso por tener esperanza, buscando claridad o simplemente necesito un momento de paz, recuérdame visitarte en la eucaristía. Llévame a ese lugar tranquilo donde sé que me darás exactamente lo que necesito. Amén.

JENNA GREIWE ha sido un miembro dedicado del equipo de Dynamic Catholic por más de 12 años. Durante ese tiempo, ha servido en el ministerio y la misión en varios roles clave y, junto con sus colegas, llega a decenas de millones de personas cada año con un mensaje de esperanza e inspiración.

¿QUIERES CRECER ESPIRITUALMENTE?
Lee
The Mindful Catholic:
Finding God One Moment at a Time

(El católico atento:
Encontrando a Jesús un momento a la vez)
por Dr. Gregory Bottaro
y
Stop Worrying and Start Living
(Deja de preocuparte y empieza a vivir)
por Gary Zimak

6. AQUÍ MISMO, AHORA MISMO, ¡NO HAY NINGÚN OTRO LUGAR EN EL QUE PREFERIRÍA ESTAR!

— *Obispo Andrew Cozzens* —

¿Por que es tan importante que transmitamos la enseñanza de la presencia real de Jesús en la eucaristía? Cuando alguien experimenta que Jesús está realmente presente en la eucaristía, le ayuda a comprender lo que significa ser un discípulo.

Entonces, ¿qué es un discípulo? Un estudiante. un aprendiz. Alguien que ha llegado a comprender lo que vemos en los evangelios, que es que Jesús es el Señor. A los primeros cristianos les encantaba esa frase: «Jesús es el Señor.» Y capturó para ellos la esencia del discipulado. ¿Qué significa eso? Jesús es el centro de mi vida. Jesús es la primera persona en mi vida. Y mi vida está dirigida hacia él.

Hoy, la visión que el mundo nos da para la felicidad es básicamente que tenemos que hacerlo todo bien. Si voy a la universidad adecuada y consigo el trabajo adecuado, y luego encuentro el cónyuge adecuado y tengo los amigos adecuados, y luego vivo en el lugar adecuado, si hago todo bien, entonces seré feliz. No es de extrañar que todos tengamos tanta ansiedad. Porque eso es un montón de cosas para tratar de hacerlas bien. ¿Cuál es el problema con esta imagen? Bueno, el problema es que estoy en el centro, y nunca lo haré todo bien, y ninguna de esas cosas me satisfará. Entonces, para ser feliz, ¿qué tengo que hacer? Tengo que destronarme del centro de mi vida, poner a Jesús en el centro y luego preguntarle: Jesús, ¿a dónde quieres que vaya a la universidad? ¿Cuál es la carrera para la que me hiciste? ¿Con quién se supone que debo casarme, si es que se supone que debo casarme? ¿Cuál es mi vocación? Todas esas preguntas vienen cuando me doy cuenta de que Jesús es el Señor.

Pero algo muy poderoso puede suceder en la vida de una persona cuando experimenta la presencia real de Jesús en la eucaristía, porque entonces el Señor es real, y él está aquí delante de mí. Lo he visto suceder muchísimas veces.

Recuerdo una vez que estaba en una conferencia con algunos jóvenes de mi parroquia. Yo era párroco en esa época tiempo, y tenía un joven en particular que no quería estar allí. Solo estaba allí porque sus padres lo obligaron a ir. Así que se resistió. Nos estábamos preparando para la adoración del sábado por la noche y él estaba sentado allí con la cabeza gacha, así que me sentí inspirado por el Espíritu Santo y me acerqué a él.

Le dije: «Dios quiere hacer algo en ti esta noche.»

Él dijo algo como: «Eh, no sé.» Y mantuvo los brazos cruzados.

Bueno, al final de la tarde, después de que la eucaristía había salido y había sido procesionada alrededor del estadio, ese joven se acercó a mí.

Me dijo: «¿Cómo lo supiste?» Yo no lo sabía, pero sí conocía a Jesús.

[Esa noche, ese joven] experimentó que Jesús estaba realmente presente en la eucaristía, y de repente, todas sus defensas se derrumbaron. Todo su corazón se abrió. Se encontró con el Señor, y entendió que este es Dios delante de mí. El discipulado se convirtió en algo real, algo así como: «Bien, entonces ¿cómo oriento mi vida si Jesús es realmente el Señor y si él está aquí ahora mismo?»

Eso puede suceder de muchas maneras diferentes. Pero una de las formas profundas es a través de una experiencia de la presencia de Jesús en la eucaristía. ¡Qué diferencia hace cuando comienzas a sentir en tu corazón su presencia!

Es importante comprender el corazón de nuestra enseñanza católica, que es simple, aunque misteriosa. Y la simple verdad es esta: la sustancia del pan y el vino cambia completamente a través de las palabras de consagración, de tal manera que ya no hay más pan ni vino allí. Aparece como el pan y el vino. Tiene todas las propiedades del pan y del vino, pero ya no hay más pan ni vino. ¿Qué está ahí? Jesús.

Y él está presente para que él pueda venir a ti porque él quiere ser uno contigo. No hay una manera más íntima en la que él pueda venir a ti excepto que venga a ti como tu alimento, para alimentar tu alma.

Necesitamos ser claros acerca de esa enseñanza. Pero no es solo la enseñanza lo que hace a un discípulo. Lo que necesitamos es mover el corazón.

Por lo tanto, debemos brindar experiencias en las que las personas puedan venir a encontrarlo: adoración, devociones, música, el medio ambiente, procesiones a la luz de las velas. Algo hermoso que estamos haciendo que nos ayuda en nuestros corazones porque somos personas encarnadas. No somos tan solo intelectos. Cuando nos arrodillamos, cuando nos inclinamos ante él, cuando cantamos, todo esto nos ayuda como personas encarnadas a experimentar su presencia.

Esto es lo que cambia los corazones.

CITA: «Señor, dejo el pasado en tu misericordia, el futuro en tu cuidado providencial y el momento presente en tu amor» San Padre Pío.

PUNTO PARA PONDERAR: Jesús quiere hacer algo en tu corazón ahora mismo. ¿Lo dejarás? Lleva cualquier incertidumbre que estés enfrentando actualmente a Jesús en la eucaristía y pregúntale: *Jesús, ¿qué crees que debo hacer?*

VERSO PARA VIVIR: «El Señor es mi roca, mi amparo, mi libertador; es mi Dios, el peñasco en que me refugio. Es mi escudo, el poder que me salva, ¡mi más alto escondite!» Salmos 18, 2.

ORACIÓN: Aquí mismo, ahora mismo, no hay otro lugar en el que preferiría estar, Señor, que en tu presencia. Justo aquí, ahora mismo, no hay otro lugar que preferiría estar, Señor, que en tu presencia. Aquí mismo, ahora mismo, no hay otro lugar en el que preferiría estar, Señor, que en tu presencia. Amén.

OBISPO ANDREW COZZENS sirve a la Diócesis de Crookston. También ha trabajado como misionero viajero, profesor y educador religioso. Fue designado para dirigir el Avivamiento Eucarístico Nacional de tres años que se estaba llevando a cabo en los Estados Unidos en ese momento. Esta reflexión fue adaptada del discurso de apertura del obispo Andrew Cozzens en el Congreso de Josué de 2022

¿QUIERES CRECER ESPIRITUALMENTE?
Lee
Do Something Beautiful for God:
The Essential Teachings of Mother Teresa
(Has algo lindo por Dios:
Las enseñanzas esenciales de la Madre Teresa),

7. TU NECESIDAD MÁS URGENTE

— *Fulton Sheen* —

El mundo entero realmente tiene hambre de Dios. Como dijo Agustín: «Nuestros corazones fueron hechos para ti, oh Señor, y están inquietos hasta que descansen en ti.»

Cuando nuestro bendito Señor vio una multitud muy hambrienta, dijo: «Lo siento por la multitud porque no tienen qué comer.» Lo que él les dio en esa ocasión es el tema de esta lección y nos lleva al sacramento de la eucaristía.

La Eucaristía es el mayor de todos los sacramentos porque contiene de manera sustancial la persona de Cristo, que es el autor de la vida. Si la vida es o si la vida ha de vivir alguna vez, debe nutrirse a sí misma. Si la vida divina ha de vivir, también ella necesita su alimento. Esa es la eucaristía.

Toda la vida vive a través de la comunión con alguna otra forma de vida No hay nada en esta tierra que no obedezca esa ley de una u otra forma. Tomemos por ejemplo la vida vegetal. Aunque no se comunica con otro tipo de vida, depende de otra cosa para su existencia. De modo que la vida vegetal descenderá a la tierra en busca de agua y de fosfatos y carbonatos, y también capta mucha luz del sol. Si estos químicos fueran borrados y el sol fuera borrado para privar a la vida vegetal de la comunión, esta perecería.

Cuando llegamos a la vida animal, la ley se vuelve mucho más clara. Hay una necesidad de nutrición que es aún mayor. Necesita, por supuesto, el alimento del orden mineral como la luz del sol, el aire, etc., pero el alimento del animal proviene de la vida vegetal. Desde el mismo momento en que el animal nace, hay una búsqueda de alimento. Su instinto fundamental es buscar comida. El animal que vaga por el campo, el pez que nada en el océano, el águila en el aire, todos buscan el pan de cada día. Sin siquiera saberlo, reconocen la ley de que la vida es imposible sin el alimento, que la vida crece solo por la vida, y que la alegría de vivir proviene de la comunión con otro tipo de vida.

Ahora bien, cuando llegamos al hombre, se aplica la misma ley. Tiene un cuerpo como el de los animales, y ese cuerpo clama por comida y comida más delicada. Nuestro cuerpo no se contenta como la planta con tomar su alimento de la tierra, crudo, sin cocer y sin sazonar. Busca el refinamiento que proviene de una criatura superior y al hacerlo reconoce esa ley universal de la vida, que todo ser vivo debe nutrirse a sí mismo. La vida se vive de la vida y la alegría de vivir se realza con la comunión con otra forma de vida.

Pero aquí llegamos a una diferencia. El hombre es tanto alma como cuerpo. ¿Su alma no demanda alimento? Y puesto que su alma es espiritual, ¿no requiere algún alimento espiritual? No hay nada en esta tierra que pueda satisfacer completamente esta hambre del alma del hombre, simplemente porque es un hambre sobrenatural. Todo en este universo exige un alimento adecuado a su naturaleza. Un canario no usa el mismo tipo de comida que una boa constrictora porque su naturaleza es diferente. El alma del hombre es espiritual y por lo tanto exige un alimento espiritual. Ahora, ¿cuál será esa comida? Bueno, esa pregunta fue respondida por nuestro bendito Señor.

El que decía que él era el pan de vida, ahora en las palabras del evangelio, tomó el pan y lo bendijo y lo partió y se los dio diciendo, esto es mi cuerpo dado por vosotros. Nota que él dijo sobre el pan, esto es mi cuerpo. No dijo que esto representa mi cuerpo, esto simboliza mi cuerpo, esto es una señal de mi cuerpo, pero *este es mi cuerpo*. Y fíjate que él también dijo, *dado por ti*. Dado en la cruz. Y luego, tomando el cáliz, dijo: bebed todos de él, porque esta es mi sangre de la Nueva Alianza, derramada por muchos para la remisión de los pecados. Sobre el cáliz de vino dijo, *esta es mi sangre*, no esto representa, pero *esto es*.

¿Nuestro Señor habla sinceramente? Eso creemos. Lo que hace que nuestra fe sea única es esto: que no elegimos entre las palabras de nuestro bendito Señor. No jugamos con ellas. Cuando él dice a quién le perdonas los pecados le son perdonados, lo creemos. Por eso existe el sacramento de la penitencia. Y ahora cuando él dice *esto es mi cuerpo, esta es mi sangre*, lo creemos.

De modo que la ley de la comunión continúa a través del universo. Si las plantas pudieran hablar, le dirían a los animales: si no me coméis, no tendréis vida en vosotros. Si los animales pudieran hablar, le dirían al hombre:

si no me comes, no tendrás vida en ti. Y Cristo nos habla y dice: si no me coméis, no tendréis vida en vosotros. La ley de la transformación prevalece. Las sustancias químicas se transforman en plantas, las plantas en animales, los animales en hombre y el hombre en Cristo. Cristo el divino pelícano. Según la leyenda, el pelícano se hiere a sí mismo para alimentar a sus crías. De la misma forma, él dio su vida para sostener nuestra vida y el mayor gozo del mundo: su comunión con la vida misma de Dios.

Tenemos hambre de Dios. Él es nuestra necesidad más urgente.

CITA: «No soy capaz de hacer grandes cosas, pero quiero hacer todo, incluso las cosas más pequeñas, para la mayor gloria de Dios» Santo Domingo Savio.

PUNTO PARA PONDERAR: Reflexiona sobre todas las formas en que los seres humanos experimentan el hambre. Utiliza los cuatro aspectos de la persona humana como punto de partida para tu reflexión: físico, emocional, intelectual y espiritual.

VERSO PARA VIVIR: «No se inquieten por nada; más bien, en toda ocasión, con oración y ruego, presenten sus peticiones a Dios y denle gracias. Y la paz de Dios, que sobrepasa todo entendimiento, cuidará sus corazones y sus pensamientos en Cristo Jesús» Filipenses 4, 6–7.

ORACIÓN: Señor Jesús, enciende mi corazón que tiene hambre de encontrar el camino, enciende mi corazón que tiene hambre de descubrir la verdad, enciende mi corazón que tiene hambre de la plenitud de vida de la que hablaste cuando caminaste por los polvorientos caminos de Galilea hace 2000 años. Y recuérdame en todas las cosas que tú eres el Camino, la Verdad y la Vida. Amén.

FULTON SHEEN fue un obispo estadounidense, pionero en el uso de la tecnología para comunicar el Evangelio a las multitudes. Fue el autor de muchos libros superventas, incluido *Finding True Happiness* (*Encontrar la verdadera felicidad*), y durante su vida fue una personalidad de televisión, un orador y un líder de retiros estimado y de renombre mundial. Esta reflexión fue adaptada de la charla de Fulton Sheen «La sagrada eucaristía como sacramento.»

¿QUIERES CRECER ESPIRITUALMENTE?

Lee

Finding True Happiness

(*Encontrar la verdadera felicidad*)

por Fulton Sheen

y

The Wisdom of Fulton Sheen

(*La sabiduría de Fulton Sheen*)

8. LA EUCARISTÍA: EL ESCONDITE DE DIOS Y NUESTRA BÚSQUEDA

— *Bobby Angel* —

¿Por qué nos arrodillamos ante el pan?

Esto es raro.

¿Qué se supone que debo hacer con mis manos? Me duelen las rodillas.

Esto es muy extraño . . . arrodillado ante un trozo de pan. . .

Recuerdo estos pensamientos dando vueltas en mi cabeza cuando tenía 17 años, arrodillado en un cuarto de jóvenes muy pequeño durante mi primera experiencia propia de adoración eucarística. El sacerdote colocó la hostia de la comunión en esta cruz dorada llamada «Custodia» (Del latín mostrarae, «mostrar») y todos los demás jóvenes se arrodillaron ante ella. Seguí su ejemplo, sin saber qué estaba pasando o qué se suponía que debía hacer.

Esto es muy extraño . . . arrodillado ante un trozo de pan. . . Esto es loco . . .

O . . . este es realmente Jesús.

Me fui esa noche confundido, pero de alguna manera reconfortado. No estaba seguro de qué preguntas comenzar a hacer, pero sentí una gran paz que nunca antes había conocido. Fue la misma «extrañeza» de este encuentro lo que me acercó a Cristo y despertó el deseo de aprender sobre mi fe por primera vez.

MENTIROSO, LUNÁTICO O SEÑOR

Me di cuenta de que, o realmente estábamos locos como católicos al adorar, alabar y consumir pan como «el cuerpo de Cristo» o tenía que ser real. No podía haber un término medio. Esta no es una situación de «Esto es cierto para ti, pero no para mí.» O no es Jesús (y los católicos somos idólatras y peligrosos), o realmente lo es, y la eucaristía es verdaderamente el pan de vida. Es una situación similar a lo que C.S. Lewis llamó el «Trilema»: Jesucristo era un (1) mentiroso, un (2) lunático o (3) un Señor. No podemos tener a Jesús como un «buen maestro» que también afirma ser Dios en su capacidad de perdonar pecados, resucitar de entre los muertos y declarar que debes comer su carne para tener vida eterna (Juan 6, 53–54). Para ser intelectualmente honestos, debemos tomar partido. O es un hombre peligroso o delirante y deberíamos huir del cristianismo, o está diciendo la verdad acerca de sí mismo y de hecho es Dios encarnado, la palabra que se hizo carne para quitar el pecado del mundo.

Dios me tenía en el anzuelo y me estaba arrastrando lentamente hacia su corazón divino. Tomaría otro año volver una y otra vez al grupo de jóvenes, hacer preguntas con un profundo deseo de saber (y no simplemente memorizar mecánicamente las respuestas para una prueba). El verano del 2003 asistí a una conferencia de jóvenes de Steubenville en Ohio. Puedo señalarles el lugar exacto donde estaba arrodillado en el piso del estadio en la sesión de adoración del sábado por la noche cuando mi vida cambió para siempre. En esa noche de oración y adoración comprendí que Jesús me conocía, me amaba y esperaba desde toda la eternidad que yo lo viera en la hermosa sencillez de la eucaristía.

DIOS SE ESCONDE Y NOSOTROS LO BUSCAMOS

Pero, ¿por qué se escondería Dios de nosotros?

Si Dios nos amara, ¿no se «aparecería» y disiparía nuestra dificultad para creer? ¿Y por qué, si la eucaristía es Cristo, por qué esconderse dentro de una simple hostia de pan?

Quizás el sentimiento más doloroso es ese grito del corazón: «Dios, ¿dónde estabas?» Esta no es una pregunta trivial. El problema del mal es real, y muchos de nosotros llevamos las heridas del abandono, la falta de cuidado, el abuso, el rechazo y el dolor. Tal vez fue un evento importante o tal vez fue un goteo lento de nuestras necesidades que no fueron satisfechas. En esta tierra, todos somos heridos que caminan. Volviendo a la primera pregunta: ¿por qué Dios se escondería de nosotros?

En primer lugar, los caminos de Dios no son nuestros caminos (Isaías 55, 8–9). Dios es Dios, y nosotros no. Solo Dios tiene la perspectiva divina del tapiz de todo el tiempo y todo el espacio. Antes de que empecemos a pensar que tenemos derecho a comprender la totalidad de la realidad, primero debemos tener una postura de humildad: no tenemos todas las respuestas y nunca las tendremos de este lado de la eternidad. En lo que participamos no es un problema a resolver sino un gran misterio a vivir. Dios nunca dijo que no enfrentaríamos el sufrimiento (o que él quitaría todo nuestro sufrimiento), pero sí dijo que estaría con nosotros en las pruebas, dondequiera que vayamos (Génesis 28, 15).

¿Y de qué manera más profunda podría estar él con nosotros que convirtiéndose en el alimento literal de nuestro viaje?

Creo que estaríamos más que abrumados por el terror y el asombro, y nuestros rostros se derretirían como en En busca del arca perdida, si Dios «apareciera» de la manera que a menudo exigimos. Dios se protege constantemente en la Escritura (a través de nubes, mensajeros angélicos y la zarza ardiente). Incluso después de liberar a Israel de la esclavitud en Egipto y llevarlo a la Tierra Prometida, a Moisés solo se le permitió ver la «espalda» de Dios de pasada, porque nadie podía ver a Dios y vivir (Éxodo 33, 20).

Avancemos rápido hasta el momento en que Dios se revela a sí mismo a través del hijo como carpintero del pueblo atrasado de Nazaret y vemos cómo Dios continúa humillándose a sí mismo, primero como un bebé en Belén (la ciudad del pan) y luego a cada edad, en la eucaristía (el pan de vida). Nuestro Dios no es alguien que se revele a sí mismo de una manera grandilocuente, al estilo de

Hollywood. Habla en voz baja y apacible, y en el pan sin pretensiones. Una simple analogía aquí, pero que podría resultar conmovedora. A nuestros hijos les encanta jugar al escondite. Quieren jugarlo una y otra y otra vez. Hay una delicia en la simplicidad del juego, de ser buscado y visto. Estar escondido no significa «ausente» o que mi hijo «desapareció.» Estar escondido no significa que Dios esté jugando con nosotros, sino que quiere que lo descubramos de nuevo, con nuestros propios ojos.

Estar oculto es el alegre gesto que nos dice: «¡Ven a buscarme!»

PERSÍGUELO

Los niños tienen siempre una paciencia enorme con estos juegos siempre nuevos, incluso si los adultos nos volvemos cínicos y cansados. Los niños todavía se deleitan con los misterios y Dios también. Sólo los niños pueden heredar el reino de los cielos (Mateo 18, 3). Sólo los que tienen ojos para ver pueden comprender la sencillez infantil de presentarse ante nosotros como pan humilde.

El misterio, el deleite de ser encontrado y el deseo de ser perseguido son, creo, ecos del corazón de Dios dentro de cada uno de nosotros para ser a la vez receptor y buscador. La Iglesia afirma: «Dios nunca cesa de atraer al hombre hacia sí mismo. . . Él nunca cesa de llamar a cada hombre a buscarlo, para encontrar la vida y la felicidad» (CIC 27–30). Lleva tus preguntas y deseos a Cristo: «Busca y encontrarás; llamad y se os abrirá» (Mateo 7, 7).

¿Qué tan hermoso es entonces que Dios nos regale la eucaristía? Es su eterna invitación a venir a buscarlo, lo único que verdaderamente puede cumplir los anhelos más profundos de nuestros corazones. Y así, cada vez que anhelamos encontrar el sentido de la vida, nos sentimos cansados y abrumados, nos sentimos inseguros sobre la dirección de nuestras vidas o simplemente necesitamos sentirnos amados. . . sabemos adónde acudir.

Dios nos espera siempre en la eucaristía. Siempre y cuando no nos cansemos nunca de buscarlo allí, encontraremos exactamente lo que nuestras almas necesitan.

CITA: «Toda la oscuridad del mundo no puede extinguir la luz de una sola vela» San Francisco de Asís.

PUNTO PARA PONDERAR: ¿Estás persiguiendo las cosas equivocadas?

VERSO PARA VIVIR: «Pidan, y se les dará; busquen, y encontrarán; llamen, y se les abrirá» Mateo 7, 7.

ORACIÓN: Señor, nos pasamos la vida persiguiendo cosas, personas y experiencias. Ayúdame a perseguir a los que son dignos de mí; los que son dignos de mis esperanzas, sueños, fe y amor; aquellos que son dignos de mi tiempo, el precioso tiempo que me has regalado en esta tierra. Amén.

BOBBY ANGEL es un escritor, orador y evangelista de la fe católica. Es el anfitrión del podcast *Conversations*. Y, junto a su esposa, es autor del libro *Pray, Decide, and Don't Worry* (*Ore, decida y no se preocupe*).

¿QUIERES CRECER ESPIRITUALMENTE?
Lee esta novela,
Three Days:
The Search for the Boy Messiah
(*Tres días: La búsqueda del niño mesías*)
por Chris Stepien

9. LA PRUEBA DEFINITIVA DEL AMOR DE DIOS

— Padre Eric Boelscher —

¿*Como sabemos* que Dios nos ama?

Estoy seguro de que muchas personas con buenas intenciones te han dicho muchas veces que «Dios te ama.» Pero en un mundo lleno de personas rotas, relaciones desordenadas y una cantidad desafortunada de crueldad, puede parecer una frase trillada o vacía.

Tal vez te gustaría alguna prueba más sólida. Eso es comprensible. Nuestra cultura nos ha enseñado a exigir pruebas de todo, algo sólido, algo seguro, antes de que podamos dar nuestro consentimiento con seguridad para cualquier cosa.

Y así, en este mundo roto, estamos constantemente buscando pruebas de que el Dios del universo no es solo una fuerza distante e indiferente, sino un Dios profundamente personal y que nos ama. Anhelamos que eso sea cierto, pero tenemos que preguntarnos, si se diera esa prueba, ¿realmente la aceptaríamos?

Pienso en la primera carta de San Pablo a los Corintios donde dice: «Los judíos piden señales milagrosas y los gentiles buscan sabiduría, mientras que nosotros predicamos a Cristo crucificado. Este mensaje es motivo de tropiezo para los judíos, y es locura para los gentiles, pero para los que Dios ha llamado, lo mismo judíos que gentiles, Cristo es el poder de Dios y la sabiduría de Dios. Pues la locura de Dios es más sabia que la sabiduría humana, y la debilidad de Dios es más fuerte que la fuerza humana» (1 Co 1, 22–25)

Con estas palabras San Pablo explica que si buscas una prueba de que el amor de Dios es real, Dios ya te la ha dado. Pero él lo da de una manera que es tan contraria a lo que jamás imaginaríamos que es difícil de aceptar. Él lo da en la cruz.

La cruz aparece en múltiples páginas de la Escritura, desde el primer libro hasta el último. Comenzando en el Jardín del Edén, escuchamos que el árbol más sagrado es el «árbol de la vida.» Incluso cuando Adán y Eva son expulsados del Jardín, es con la esperanza de que a través de la pasión y el sacrificio de un descendiente lejano, pueda haber un camino de regreso a este árbol que da vida. Varios capítulos después, Abraham demuestra su fe en Dios al hacer que su hijo adulto lleve leña a la montaña de Moriah (más tarde conocida como una de las colinas de Jerusalén) con la intención de sacrificarlo como el Señor ordenó, antes de que Dios detuviera la mano de Abraham. Antes de subir a la montaña, en Génesis 22, 5, Abraham dice que tanto él como su hijo regresarán. Este versículo indica que la fe de Abraham le aseguró que cuando se trata de sacrificio, Dios proveerá, siempre en misericordia.

A lo largo del resto del Antiguo Testamento, continúan apareciendo ejemplos de la misericordia de Dios en el sacrificio. Antes del Éxodo, Moisés y los israelitas son liberados por el poder de Dios y perdonados por su misericordia durante el sacrificio de la Pascua Judía al marcar con sangre los postes verticales y horizontales de sus puertas. Durante el Éxodo, cuando los israelitas son atacados por serpientes serafín, son salvados una vez más por la misericordia de Dios cuando él les instruye a mirar la señal del pecado montada en un poste de madera y de esta forma serán perdonados. Quizás lo más hermoso es que en el Salmo 22 el rey David describe lo que más tarde conoceremos como la crucifixión del Señor, mucho antes de que los romanos perfeccionaran esta práctica tan bárbara.

Su salmo termina con hermosas líneas de probada fidelidad cuando escribe: «A la generación venidera se le contará del Señor, para que anuncien a un pueblo aún por nacer la liberación que has traído.» En los libros de los profetas, específicamente en el noveno capítulo de Ezequiel, escuchamos que aquellos que aman la verdadera adoración recibirán la misericordia de Dios y, en consecuencia, serán marcados con un símbolo en la frente que se parece mucho a una cruz. Con estos extractos, los lectores aprenden sobre la cruz y su don de misericordia a través del sacrificio en el Antiguo Testamento, mucho antes de los evangelios, donde Jesús nos instruye repetidamente que debemos tomar nuestra propia cruz, tal como él toma la suya.

Más allá de los evangelios, el Nuevo Testamento continúa escribiendo sobre el don de la misericordia de la cruz a través del sacrificio. De hecho, se puede encontrar en casi todas las páginas del Nuevo Testamento. San

Pablo habló de ello en los versículos de Corintios presentados anteriormente. En los capítulos cuatro y cinco del libro del Apocalipsis, San Juan describe la adoración del cielo como un sacrificio parecido. Esta adoración sacrificial en el cielo sucede por la voluntad de Dios, y tiene lugar justo en la base de ese árbol de la vida, que ha sido prometido.

Sin embargo, esta es la realidad, lo que creo que tenías una corazonada antes de leer ni una palabra de la Escritura o cualquier palabra en este libro. El sacrificio es el lenguaje del amor. No ha habido una sola relación significativa en la historia humana que no esté marcada por algún don de sacrificio, de una persona a la otra. Además, de ahí es de donde siempre viene la misericordia, y la mayoría de nosotros aprendemos esta verdad de la manera más difícil. Cuando los matrimonios necesitan reparación, las familias se fracturan o los amigos pierden la fe el uno en el otro, ¿qué es lo que sana? ¡Es sacrificio! Parece que la cruz está escrita en cada página de nuestra vida, así como en cada página de la Escritura.

Entonces, ¿cómo podemos estar seguros de que Dios nos ama? Tal vez esto suene ridículo para algunos, y tal vez demasiado simple para otros, pero cada católico con los ojos para verla puede encontrar esa prueba en cada altar en cada parroquia. Justo en medio de esa adoración, en esa pequeña hostia blanca elevada al cielo, hay una re-presentación del único y eterno sacrificio de Cristo en su cruz. Esa es la esencia misma de la eucaristía. Es Cristo mismo, entregado por ti y por mí en la cruz, ofrecido a nosotros ahora y por la eternidad.

Cada vez que ves la eucaristía, miras la realidad del sacrificio de Jesús en la cruz. Los brazos de esa cruz se extienden desde el principio de los tiempos hasta la eternidad, se extienden desde el cielo hasta la tierra, y no nos olvidemos que se extienden a cada relación significativa que cualquiera de nosotros tenga en toda su vida.

Una antigua orden de monjes y monjas llamados los cartujos tienen un lema que dice: «La cruz se mantiene firme mientras el mundo gira.» No puedo dejar de pensar que en nuestro mundo actual que lucha por creer en casi cualquier cosa, donde cada uno de nosotros está buscando algo sólido, algo seguro, algo de sustancia real, que Cristo, en su gran misericordia, nos ha dado un signo inamovible de su amor. Esta señal está escrita en la historia, en vuestro corazón, y se da en cada sacrificio eucarístico en cada iglesia católica. ¿Es eso suficiente para que sepas que Dios te ama? Sinceramente, no puedo imaginar qué más podría hacer él para probarlo.

CITA: «Oramos por misericordia; y esa misma oración nos enseña a todos a realizar las obras de misericordia» William Shakespeare.

PUNTO PARA PONDERAR: ¿En qué área de tu vida necesitas que Dios y otros derramen misericordia?

VERSO PARA VIVIR: «Por tanto, no nos desanimamos. Al contrario, aunque por fuera nos vamos desgastando, por dentro nos vamos renovando día tras día. Pues los sufrimientos ligeros y efímeros que ahora padecemos producen una gloria eterna que vale muchísimo más que todo sufrimiento. Así que no nos fijamos en lo visible, sino en lo invisible, ya que lo que se ve es pasajero, mientras que lo que no se ve es eterno.

ORACIÓN: Jesús, comienza una revolución de amor en mi corazón hoy. Enséñame a amarme a mí mismo como tú me amas, para poder amar a los demás que se crucen en mi camino de una manera que les recuerde que tú eres el revolucionario que el mundo necesita en todo lugar y en todo momento. Amén.

PADRE ERIC BOELSCHER es sacerdote en la Diócesis de Covington, Kentucky, párroco de la comunidad parroquial y escolar de Saint Joseph en Crescent Springs, Kentucky, y nuestro amado capellán en Dynamic Catholic.

¿QUIERES CRECER ESPIRITUALMENTE?
Lee
Everybody Needs to Forgive Somebody
(*Todos necesitan perdonar a alguien*)
por Allen Hunt

10. TREINTA PALABRAS QUE REVOLUCIONARON MI VIDA

— *Allen Hunt* —

El Señor Jesús, la noche en que fue entregado, tomó pan, y habiendo dado gracias, lo partió y dijo: «Esto es mi cuerpo, que es por vosotros.» Estas palabras revolucionaron mi vida.

Cuando estaba en la escuela de posgrado, conocí al Padre Steven. Aunque él era un sacerdote católico y yo un pastor metodista, nos hicimos amigos para toda la vida. Un día, el Padre Steven me invitó a liderar un retiro para un grupo de monjas dominicas de clausura. Después de explicarle que estas mujeres rezan todo el día y nunca abandonan los muros de su monasterio, le dije: «Tengo que ver esto.»

Tan pronto como llegamos, supe que había algo

diferente en este lugar. La hermana Diane abrió la puerta y mi primer pensamiento fue: «Puede que seas la persona más atractiva que he conocido.» Ella tenía esta luz emanando de sus ojos, un resplandor saltando de su rostro. Había casi un resplandor a su alrededor. Era de otro mundo. La santidad es atractiva. Atrae a la gente hacia ti.

La hermana Diane nos llevó detrás de la pared del claustro a la sala comunitaria donde estaban reunidas las 50 monjas. Cuando llegó el momento de mi charla, el padre Steven me presentó y me paré frente a las monjas. Tuve que dar un paso atrás porque, al mirar sus rostros, me di cuenta de que casi todas tenían el mismo resplandor que tenía la hermana Diane. Me tomó un momento recuperar la compostura, pero logré dar mi primera charla. Y luego el Padre Steven dio su charla. Esto lo hicimos durante seis miércoles seguidos.

El último día del retiro, una monja llamada Hermana Rose se puso de pie y me hizo una pregunta:

Allen, eres el primer pastor metodista que la mayoría de nosotras hemos conocido. Y también quiero decirte que, después de escucharte durante las últimas seis semanas, suenas muy católico. Así que tengo que preguntarte, ¿por qué no eres parte de la Iglesia?»

En ese momento, pensé: «Esa es una pregunta extraña. Soy parte de la iglesia. Quiero decir, dice justo aquí en mi tarjeta: Allen,

Pastor, Iglesia Metodista Unida, I-G-L-E-S-I-A,

iglesia.»

Le dije: «No entiendo la pregunta.»

Y ella dijo: «Bueno, déjame preguntarte de nuevo. ¿Por qué no eres parte de la Iglesia?». La misma pregunta dicha exactamente de la misma manera.

Le dije: «Me parece que lo que me estás preguntando es: ¿por qué no soy católico?».

Ella dijo: «No. Lo que te estoy preguntando es: ¿por qué no eres parte de la Iglesia?». Las mismas palabras. Suave sonrisa. Persistente, pero amable y amorosa. Tres veces seguidas.

En este momento, todo lo que pude decir fue: «Hermana Rose, realmente no entiendo tu pregunta, así que solo te diré por qué no soy católico. Si tuviera que responder, probablemente diría que no soy católico porque no entiendo lo que crees sobre la comunión. Para mí, es obvio que el pan y el vino son símbolos. Son símbolos especiales, importantes y sagrados. Pero creer de alguna manera que se transforman milagrosamente en el cuerpo y la sangre de Jesús, literalmente, eso simplemente no tiene sentido para mí.»

Nunca olvidaré lo que me respondió la hermana Rose. Me preguntó si tenía mi Biblia y me dijo que la abriera en 1 Corintios 11, 23–26. Así que eso hice.

«Estas son las palabras de San Pablo cuando escribió a la iglesia en Corinto,» dijo. Entonces ella comenzó a leer: «Porque yo recibí del Señor lo que también os he transmitido: El Señor Jesús, la noche en que fue entregado, tomó pan, y habiendo dado gracias, lo partió y dijo: "Este es mi cuerpo, que es por vosotros; Haz esto en mi memoria."»

La hermana Rose cerró su Biblia y dijo: «Allen, ¿qué es lo que no entiendes?».

Todas las monjas y hermanas se rieron. Nos reímos un poco, y me gustaría poder decir que en ese momento los cielos se abrieron y Dios me llamó a la Iglesia católica. Pero eso no es lo que sucedió. Ese encuentro con la Hermana Rose fue solo la primera semilla, plantada en el fondo de mi alma.

Con el tiempo, Dios me llevó a casa a la Iglesia católica, pero fue un viaje largo y difícil. La eucaristía fue el tesoro central y más grande que cautivó mi mente y mi corazón. Empecé a experimentar un anhelo doloroso de recibir a Jesús —cuerpo, sangre, alma y divinidad— en la eucaristía. Anhelaba conocerlo de la manera más íntima.

Esto me llevó a una crisis de conciencia como pastor metodista, hasta que ya no pude mantener mi posición. Dejé de dirigir a 15.000 personas cada semana porque ya no podía negar el genio de la Iglesia católica y la belleza absoluta de la presencia real de Jesús en la eucaristía. Y el 6 de enero del 2008 entré en la Iglesia católica y recibí la eucaristía por primera vez. Nunca me he arrepentido.

Me encantan muchas cosas de ser católico, pero lo que más me gusta es el privilegio y la alegría de recibir a Jesús en la eucaristía. Pero también sé lo fácil que es no valorar las cosas. Esto lo hacemos mucho en la vida, y como católicos, lo hacemos mucho con la fe extraordinaria que se nos ha dado.

Así que aquí está mi desafío para ti y para mí. Nunca menospreciemos el extraordinario tesoro de la eucaristía. Nunca nos volvamos insensibles al hecho de que Jesús quiere darse completamente a ti ya mí en cada misa. Él realmente está allí, esperando para transformar nuestras vidas. Ese es el tesoro más grande que podríamos esperar tencr.

CITA: «Oren para estar siempre listos para la voluntad de Dios, incluso cuando los tome por sorpresa» Santa María MacKillop.

PUNTO PARA PONDERAR: Hay una cosa que Dios está tratando de decirte en este momento. Lo estás resistiendo, evitándolo, ignorándolo. Entrégate a este mensaje, y tu vida cambiará a partir de hoy.

VERSO PARA VIVIR: «Por lo tanto, si alguno está en Cristo, es una nueva creación. ¡Lo viejo ha pasado, ha llegado ya lo nuevo! 2 Corintios 5, 17.

ORACIÓN: Señor, lléname de tu luz y no permitas que olvide que no hay nada más atractivo que la santidad. Amén.

ALLEN HUNT es el autor de una serie de libros superventas, incluidos *No Regrets* (*Sin remordimientos*) y *Confessions of a Mega Church Pastor* (*Confesiones de un pastor de megaiglesia*). Mientras se desempeñaba como pastor de una megaiglesia evangélica, Allen comenzó un viaje extraordinario que culminó con su conversión al catolicismo. Ahora ayuda a liderar Dynamic Catholic en la misión de ayudar a las personas a redescubrir el genio y la relevancia del catolicismo.

¿QUIERES CRECER ESPIRITUALMENTE?

Lee

The Turning Point:

Eight Encounters with Jesus that Will Change Your Life

(*El punto de inflexión:*

Ocho encuentros con Jesús que cambiarán tu vida)

por Allen Hunt

11. POR QUÉ LE MENTÍ A MI PASTOR ACERCA DE MI PRIMERA COMUNIÓN

— *Hermana Helena Burns, FSP* —

Hice mi my First primera comunión a los siete años, fingiendo creer en la presencia real de Jesucristo. El buen padre Hurley se esforzó mucho para asegurarse de que los alumnos de segundo grado comprendiéramos que la pequeña hostia blanca no era pan común. Explicó que una vez que dijera las palabras de consagración, se convertiría en el cuerpo, la sangre, el alma y la divinidad del Señor Jesucristo. Nos dijo que Jesús permaneció en la eucaristía cuando fue puesto en el tabernáculo. Nos hizo practicar el consumo de una hostia no consagrada sin masticarla. Incluso nos entrevistó a cada uno de nosotros en nuestros hogares con nuestros padres presentes para asegurarse de que tuviéramos fe. Entonces, mentí.

¿Por qué le mentí? Quería la fiesta de la primera comunión, el lindo vestido blanco, los regalos, simplemente hacer lo mismo que estaban haciendo todos mis compañeros, por supuesto. ¿Por qué no creí? Porque me sonaba ridículo que Dios (en quien sí creía) se convirtiera en pan para ser comido por los humanos. Nunca fui una niña terriblemente literal (siempre buscaba significados más profundos), así que nunca me imaginé a Jesús con muebles diminutos de casa de muñecas dentro del tabernáculo como lo hacen muchos niños. Gracias a Dios, los adultos de mi parroquia no insistían en la idea falsa de que «es solo un símbolo» o «es solo una conmemoración de la última cena.» Entendí lo que los adultos estaban tratando de comunicarnos: la misa es auténtica. Pero yo simplemente no lo creía.

A medida que fui creciendo (yendo a escuelas públicas y CDC), la poca fe que tenía se convirtió en la fe de los deístas. Creía en Dios el creador, un Dios relojero que le dio cuerda al mundo y luego dio un paso atrás, se alejó de su creación y ya no estaba involucrado en ella. El Dios de los deístas no es un Dios personal, no es un Dios solidario. El Dios de los deístas no es la Santísima Trinidad. Él no escucha ni responde las oraciones, así es que básicamente estamos solos en el universo. Lo único que creía que el creador esperaba que hiciéramos era resolver todo por nuestra cuenta, con cada individuo teniendo una tremenda responsabilidad moral para hacer las cosas bien y vivir bien. (Yo también era bastante existencialista.)

A los quince años, era silenciosamente suicida. No fue un desequilibrio químico, ni siquiera circunstancias tristes o malas en mi vida. De hecho, mi vida era bastante buena. Todo iba bastante bien, excepto que . . . no sabía por qué estaba viva. No solo quería saber por qué yo en particular estaba viva, sino que necesitaba saber cuál era el propósito de la vida humana en general: el subjetivo y el objetivo. Le pregunté a mis amigos cuál era el propósito de la vida. La mayoría respondió: «¿Por qué preguntar por qué?». Le pregunté a mi madre, quien me dio la respuesta completa y definitiva del *Catecismo de Baltimore*: «Dios me hizo para conocerlo, amarlo y servirlo en este mundo y ser feliz con él para siempre en el venidero» (lo cual iba a tener mucho sentido para mí más tarde), pero el problema era que mi Dios era diferente a este Dios personal.

Aquí es donde mi historia va más allá de lo que

entiendo. Estoy plenamente consciente de que lo que sucedió a continuación no sucede para la mayoría de las personas. De hecho, todavía estoy intentando descubrir qué fue lo que me sucedió y la forma misteriosa en que Dios estaba trabajando en mi vida.

Una noche, sintiéndome completamente desesperada, tuve la idea de que mi Dios creador deísta podría escucharme y ayudarme. Me arrodillé junto a mi cama y oré: «Oh Dios, si puedes oírme, necesito tu ayuda porque no sé por qué estoy viva y no quiero vivir más.» Me fui a dormir. Sería la última noche que tendría que vivir con la sensación de estar rodeada por un vacío frío y oscuro.

A la mañana siguiente, cuando desperté, todo cambió. Podía sentir la presencia de Dios. (Ahora creo que era Dios el Padre.) Sabía que me amaba. Sabía muchas cosas y muchas de mis preguntas fueron respondidas (algo que luego descubrí se llama «conocimiento infundido»). Sabía que realmente no importaba exactamente lo que había logrado en la vida. Lo que importaba era que Dios me estaba esperando en el cielo, y él estaba más emocionado que yo por el hecho de que iba a ir al cielo para estar con él para siempre. Mi siguiente pregunta fue si Jesús realmente era Dios o no. Miré el crucifijo en mi pared que había estado allí desde que nací y recordé cuánto me gustaba hacer las estaciones de la cruz durante la cuaresma cuando era niña. En ese momento me fue dada la gracia de creer que Jesús era Dios.

Pero había tantas denominaciones cristianas.

¿Cuál era real? Decidí comenzar a investigar visitando las diferentes iglesias de todos mis amigos cristianos. Pero espera. ¿Por qué no empezar con la Iglesia católica? Muy bien. ¿Qué diferencia a la Iglesia católica de todas las demás Iglesias cristianas? El santísimo sacramento. No era como si cada iglesia cristiana estuviera diciendo: «¡No! ¡Él está en nuestra caja! ¡Lo tenemos!» Ni siquiera tenían cajas. Así es que, si Jesús estaba verdaderamente presente en los tabernáculos de las iglesias católicas de todo el mundo, entonces esta era su Iglesia, y necesitaba dejar de dudar y dejar de luchar contra las muchas otras doctrinas.

Pero, ¿cómo sabría si Jesús estaba en la eucaristía, como el padre Hurley había tratado de asegurarse de que entendiéramos, hablándonos con solemnidad y sin sonreír? Si les preguntara a los católicos o leyera un libro católico, dirían sí. Si les preguntara a otros cristianos o leyera un libro cristiano, me dirían no. Finalmente decidí que si Dios me había hablado una vez, podría hacerlo de nuevo. Pero en lugar de preguntarle abruptamente y en forma inmediata, elegí un día para solemnizar la pregunta. Esto fue un gran problema. En el día indicado, fui a mi iglesia parroquial, Nuestra Señora de la Misericordia, y dije estas palabras exactas: «Jesús, si estás en el tabernáculo, aceptaré las enseñanzas de la Iglesia católica en forma absoluta, dejaré de rechazarlas y me esforzaré por comprenderlas. Entonces, ¿estás ahí, Señor?» Miré atentamente el repositorio blanco y dorado e instantáneamente escuché: «Sí, estoy aquí,» y él estaba asintiendo, pero no vi su cabeza ni su rostro, y no tengo idea de cómo funciona eso, pero todo lo que puedo decirte es que fue enfático. Lo creí al instante. Bueno, está bien entonces. Tenía varias cosas de las que me tenía que encargar. (En este momento de mi vida, también me había convertido en una feminista radical apasionada que despreciaba a la Iglesia católica).

Cuatro días después, Dios me llamó a transformare en una Hermana. No crece musgo bajo las sandalias de nuestro salvador. Mientras investigaba varias congregaciones, supe que quería una que valorara la adoración eucarística como parte de su espiritualidad. Encontré lo que buscaba en las Hijas de San Pablo.

Dios podría haberse comunicado conmigo antes de que yo se lo pidiera, pero creo que esperó hasta que oré de todo corazón para mostrarme la importancia de la oración. Dios podría haber infundido el conocimiento de que él estaba presente en la eucaristía, pero creo que él quería que yo encontrara su presencia de cerca y personalmente.

Mirando hacia atrás, todavía me sorprende la extraordinaria gracia que Dios derramó en mi vida justo cuando sentía que no tenia ninguna esperanza. No creo que alguna vez sea capaz de darle sentido a todo esto. Pero eso esta bien. Dios nos invita a conocerlo de maneras misteriosas. Lo que importa no es que comprendamos por qué. Lo que importa es si decimos o no «sí.» No hay forma más poderosa de hacerlo que volverse a él en la eucaristía.

CITA: «Pon todas tus preocupaciones sobre el futuro con confianza en las manos de Dios, y déjate guiar por el Señor como un niño pequeño» Santa Edith Stein.

PUNTO PARA PONDERAR: La próxima vez que pienses que

Dios ha dejado de hablarte, considera la realidad alternativa de que tal vez has dejado de escuchar su voz en tu vida.

VERSO PARA VIVIR: «Ahora bien, sabemos que Dios dispone todas las cosas para el bien de quienes lo aman, los que han sido llamados de acuerdo con su propósito» Romanos 8, 28.

ORACIÓN: Jesús, enséñame a valorar tu forma de hacer las cosas por sobre todas las otras formas.

HERMANA HELENA BURNS, es miembro de las Hijas de San Pablo, una congregación internacional fundada para comunicar la palabra de Dios a través de los medios de comunicación. Además, es oradora, cineasta y escritora de *The Catholic Register*.

¿QUIERES CRECER ESPIRITUALMENTE?
Lee
Catholic and Christian:
An Explanation of Commonly Misunderstood Catholic
Beliefs

(Católico y cristiano: Una explicación de las creencias católicas frecuentemente malinterpretadas.)
por Alan Schreck
y
Ordinary Lives Extraordinary Mission:
5 Steps to Winning the War Within
(Vidas communes, misiones extraordinarias: 5 pasos para triunfar en la guerra interna)
por John Wood

12. ¿POR QUÉ NADIE ME DIJO ESTO?

— *Matt Warner* —

La música de fiesta a todo volumen y las risas del crucero de bebidas alcohólicas que pasaba cerca de la costa fueron un telón de fondo extraño para lo que me dejó pasmado ese día en la playa llena de arena en las Bahamas. Tumbado al sol, libro en mano, me volví hacia mi amigo con absoluto asombro y le dije: «¿Sabías todo esto?» Levanté el libro de apologética católica a medio terminar que me habían dado recientemente, el primero que había leído.

Crecí católico, y nunca cuestioné nuestras creencias. Si los católicos creían algo, como yo era católico, yo también lo creía. Con eso bastaba. Pero esto... esto fue demasiado. Ahora tenía que aceptar este descubrimiento de que mi religión no era solo una preferencia personal, o una hermosa forma de vida heredada de mi familia, sino que también era la verdad.

"¡Dos, o tres, a uno!" dijo el vendedor ambulante de la playa de las Bahamas, interrumpiendo mi epifanía en la arena. Pronto descubrí que dos o tres a uno era la proporción de mujeres a hombres en el crucero de bebidas alcohólicas para el que estaba vendiendo boletos, un tono atractivo para los muchos jóvenes que anhelaban más en el mar ese día. Pero me había enganchado algo más: la verdad. Y ya me estaba arrastrando a aguas más profundas de lo que podría ir cualquier crucero de bebidas alcohólicas.

Ese momento en la playa se transformó en muchos más. En cada uno de los temas de la enseñanza católica, algunos de ellos impactantes y extraños, descubrí razones profundamente satisfactorias para todo. Creer todo lo que la Iglesia enseñaba de repente se sintió tan sencillo y lógico (aunque ciertamente no siempre fácil), incluso para algo tan extravagante como la eucaristía.

Creer que el cuerpo y la sangre de Jesús están realmente presentes en la eucaristía parece ridículo a primera vista, pero mientras más lo examinaba desde distintos ángulos, cada vez tenía más sentido:

- La Escritura es clara acerca de esto. [1]
- La primera generación de cristianos lo creía. [2]
- Los primeros cristianos murieron por esto. [3]
- Como bien lo resume Peter Kreeft: «Hasta Zuinglio (en el siglo XVI), no había ningún cristiano ortodoxo, tradicional, no herético, histórico, apostólico que jamás creyera ... que la eucaristía es solo un símbolo sagrado de Cristo, en vez de Cristo mismo.»[4]

La lista de razones seguía y seguía. Quedó claro que la única visión lógica del mundo como cristiano es la eucarística. Aprender esto me animó a compartir estas mismas revelaciones con todos los que me rodeaban. Seguramente todos necesitaban el mismo libro de apologética y ellos también creerían. Desafortunadamente, pronto descubrí que no era tan simple.

Desde ese momento, he pasado toda mi vida adulta descifrando cómo ayudar a la Iglesia a comunicar mejor su mensaje con éxito. ¿Cuáles son los mejores medios y métodos para usar? ¿Por qué nuestros esfuerzos a veces funcionan tan bien y otras fallan tan miserablemente? ¿Cómo dos personas pueden ver la misma cosa de manera tan diferente? ¿Cómo compartimos las Buenas Nuevas en una cultura que piensa que son noticias viejas? Es un desafío complicado y multifacético, y un viaje continuo. Pero una cosa que he aprendido con certeza es que no importa la validez de la apologética o de las verdades francas que se expresen, a veces sin diplomacia, la efectividad de cualquier mensaje siempre está limitada por la capacidad de una persona para recibirlo. Comunicar exitosamente (y por lo tanto la evangelización) a menudo requiere primero aumentar la capacidad de una persona para recibir el mensaje antes de que el argumento razonable o las palabras que le dices tengan mucho impacto.

Esa capacidad de una persona para recibir un mensaje está determinada por muchas cosas, como su relación con la persona que habla, su percepción de (en este caso) la Iglesia, sus propias necesidades inmediatas, experiencias de sufrimiento y muchos otros factores que son independientes de las palabras que decimos o de los argumentos finamente razonados que compartimos. Aún más que todo eso, y quizás el factor más importante que influye en la capacidad de uno para recibir un mensaje dado, es su *visión del mundo*. ¿En qué tipo de historia creen que están?

La historia moderna no deja lugar para lo sobrenatural. Habla de una Tierra redonda, pero un universo plano, aplastado para incluir solo las partículas y las fuerzas que las ciencias naturales pueden detectar y medir. Esa visión del mundo no sólo excluye gran parte de la realidad, sino que pasa por alto las partes más importantes. Y ciertamente no deja lugar para la eucaristía. Tenemos una crisis de imaginación.

Solía pensar que mi imaginación era para ver cosas que no son reales. En verdad, es para ver las cosas más reales, porque las partes más importantes de la vida son invisibles. Necesitas imaginación para explicar todas las cosas reales que no se pueden ver, como los pensamientos. O cosas profundas que no se pueden pesar, como los valores. Los movimientos de las criaturas más poderosas, como los ángeles. Sacrificios que no se pueden medir, como el amor. Las acciones más importantes, como la oración. Fuerzas que mantienen unido este universo, como la gracia. Milagros escondidos debajo de lo ordinario, como la eucaristía. La realidad incluye todas esas cosas, pero se necesita una imaginación bien formada para verlas. Imaginarlos no es inventarlos en tu mente, sino poner en tu mente lo que realmente está ahí fuera e incluirlos como parte de la historia en la que te encuentras.

Como dijo Antoine de Saint-Exupéry: «Si quieres construir un barco, no les pidas a los hombres que recojan leña, no dividas el trabajo y no des órdenes. En lugar de eso, enséñales a anhelar el vasto e infinito mar.» Si les enseñas a anhelar el vasto e infinito mar, naturalmente construirán el barco de todos modos. Además, hasta que tengan tal anhelo, estás desperdiciando el aliento tratando de que se preocupen por cómo funciona el barco o por qué es necesario. Cuando alguien se contenta con seguir bebiendo, navegando en aguas poco profundas o sentado en la orilla, un barco que lo lleve al otro lado del horizonte (la Iglesia) seguirá siendo bastante irrelevante.

La imaginación moderna necesita una expansión antes de poder comprender la explicación. Primero hay que entender la increíble historia en la que ya todos nos encontramos: la historia de Dios, el relato de la historia de la salvación. Ahí es donde uno descubre que el secreto de la felicidad y el propósito de esta vida no es disfrutar de las playas y las trivialidades de los bajíos, sino dejarlas atrás y zarpar hacia lo que hay más allá.

No lo olvides, vivimos en un mundo donde los hombres resucitan de entre los muertos, donde la muerte es solo el comienzo, donde alguien te puso en esa playa por una razón y te dio una misión significativa para emprender una gran aventura. Cuando vives en un mundo como ese, un mundo sobrenatural, se vuelve no solo lógico, sino más bien natural, tomar la palabra de Jesús cuando dice (en Juan 6:55) que «mi carne es verdadera comida, y mi sangre es verdadera bebida.»

CITA: «La razón es, de hecho, el camino hacia la fe, y la fe se hace cargo cuando la razón no puede decir más» Tomas Merton.

PUNTO PARA PONDERAR: ¿Sientes que Dios te está llamando a alejarte de la comodidad que define tu vida y participar en la vida de manera más significativa?

VERSO PARA VIVIR: «Cuando acabó de hablar, le dijo a Simón: "Lleva la barca hacia aguas más profundas, y echen allí las redes para pescar"» Lucas 5, 4.

ORACIÓN: Jesús, dame el coraje para seguir tu llamada, la perspicacia para prever los arrepentimientos que tendré si no lo hago, y la audacia para invitar a otros a hacer lo mismo. Amén.

MATT WARNER es el autor de *Messy & Foolish: How to Make a Mess, Be a Fool, and Evangelize the World (Desordenado e insensato: cómo hacer un desastre, ser un tonto y evangelizar el mundo)*. También es el fundador de Flocknote, la principal herramienta de gestión de la comunicación que ayuda a las parroquias católicas a involucrar, informar e inspirar a sus feligreses.

¿QUIERES CRECER ESPIRITUALMENTE?

Lee

Messy & Foolish:

How to Make a Mess, Be a Fool, and Evangelize the World (Desordenado e insensato: cómo hacer un desastre, ser un tonto y evangelizar el mundo)

por Matt Warner

y

Everybody Evangelizes About Something

(Todos evangelizan acerca de algo)

por Matthew Kelly

1. *Juan 6, 1 Co 11 y muchos más.*

2. *Las primeras generaciones de cristianos, por sus escritos (Didaché 60–100 d. C., San Ignacio de Antioquía 110 d. C., San Justino Mártir 150*

d. C. y otros), creían claramente en la presencia real. Y la idea de que las personas que vivieron y aprendieron directamente de los discípulos de alguna manera entendieron esta enseñanza central tan increíblemente mal (y sin una protesta real de otros cristianos) es inconcebible.

3. San Tarsicio (y otros) claramente murieron con la creencia en la presencia real. No habría arriesgado su vida para escabullir un trozo de pan simbólico para los cristianos encarcelados. Dio su vida porque era más que un símbolo y central para la vida y la salvación de cada cristiano.

4. Peter Kreeft, Jesus Shock (El shock de Jesús)

CONCLUSIÓN: ACÉRCATE Y PERMANECE CERCA

— *Matthew Kelly* —

¿*Cual es la* iglesia más hermosa en la que has estado? ¿Cómo te hizo sentir?

Empecé a hablar y escribir cuando tenía diecinueve años. En ese momento estaba en la escuela de negocios y, desde entonces, he tenido la suerte de viajar a más de cincuenta países. Pocas cosas me inspiran más que viajar. Hay algo acerca de experimentar diferentes personas, lugares y culturas que nos abre el corazón y la mente.

Crecí como católico y mi experiencia de la Iglesia católica se limitó principalmente a nuestra parroquia de Santa Marta en los suburbios de Sídney. Pero a través de los viajes comencé a ver cuán grande e impresionante es la Iglesia católica, en muchos sentidos.

Una cosa que queda muy clara cuando empiezas a viajar es que el mundo está lleno de hermosas iglesias católicas. ¿Alguna vez te has preguntado por qué construimos iglesias tan hermosas? Puedo decirte esto: no se trata del arte o la arquitectura. Es porque creemos que Jesús está verdaderamente presente en la eucaristía.

Entra a la Basílica de San Pedro en Roma, Notre Dame o Sacre Coeur en París, la Catedral de Santa María en Sydney, la Catedral del Duomo en Milán, el Santuario de Las Lajas en Colombia, la Catedral de San Patricio en Nueva York, la Basílica del Nacional Santuario de la Inmaculada Concepción en Washington, DC, o cualquiera de los miles de otras iglesias católicas increíbles en todo el mundo y sentirás asombro y un sentido de lo sagrado.

¿Qué nos dicen realmente estas hermosas iglesias? Dicen que aquí hay algo más grande que el arte o la arquitectura, algo más que la historia, y no sólo algo. . . pero alguien. Ese alguien es Jesucristo, verdaderamente presente en la eucaristía, presente en todas estas iglesias, y presente en el tabernáculo de tu iglesia local.

Por eso me encanta detenerme en una iglesia para tener unos minutos de tranquilidad.

Todos tenemos preguntas para las que necesitamos respuestas, y todos necesitamos consejos de vez en cuando. Pero cuando necesitamos un consejo, tendemos a preguntarle a personas que no saben casi nada sobre nada, en lugar de acudir al hombre que tiene todas las respuestas.

Todas las respuestas están en el tabernáculo. Jesús tiene todas las respuestas y nos espera pacientemente en el tabernáculo, día y noche, para compartir esas respuestas con nosotros. La próxima vez que estés lidiando con una decisión, pasa por tu iglesia y pídele consejo a Jesús. Recibir a Jesús en la eucaristía es la máxima experiencia espiritual, pero también hay algo poderoso en simplemente sentarse en su presencia.

En los evangelios leemos una y otra vez acerca de Jesús dejando a sus discípulos y a la multitud y yendo a un lugar apartado. En el primer capítulo del evangelio de Marcos leemos: «Por la mañana, cuando aún estaba muy oscuro, se levantó y salió a un lugar desierto, y allí oraba» (Marcos 1, 35). Si Jesús necesitaba este tiempo en silencio y soledad, ¿cuánto más crees que nosotros lo necesitamos? El mundo es un lugar ajetreado y ruidoso, y todo eso tiende a distraernos de lo que más importa.

Cada vez es más difícil encontrar un lugar tranquilo en este mundo, pero uno de los grandes regalos que la Iglesia católica nos da a todos son los lugares que están apartados para la reflexión tranquila. Iglesias y capillas, centros de retiro y monasterios: a lo largo de los siglos, la Iglesia ha establecido lugares en casi todas las comunidades de la tierra para que estemos quietos y en silencio y reflexionemos sobre lo que sucede dentro de nosotros y a nuestro alrededor.

Una vez más, quiero animarte a establecer el hábito de la oración diaria en tu vida. Este es un hábito fundamental que te servirá por el resto de tu vida. Cuanto antes empieces a tomar en serio tu vida espiritual, más feliz serás.

Acércate a Dios y mantente cerca de Dios.

Hace años, recibí una carta de un sacerdote que había trabajado como misionero laico en China antes de regresar a su tierra natal de América y convertirse en sacerdote. Compartió muchas historias sobre la Iglesia en China, pero hay una que me impresionó mucho. Es una historia que he contado cientos de veces y que siempre me llena de humildad.

Muchos años después de haber sido ordenado sacerdote, regresó a China, de incógnito, para una breve visita. Incluso hoy, hay sacerdotes y obispos en prisión en China por nada más que negarse a permitir que el gobierno comunista controle sus iglesias. Por eso nadie en China sabía que era sacerdote.

En la segunda noche de su visita, lo despertó en medio de la noche el ruido de personas que se movían por la casa. Un poco asustado, se levantó y fue a su puerta. Al abrirla, le preguntó a uno de los hombres que vivían en la casa qué estaba pasando.

Su anfitrión chino respondió: «Vamos al muro.» Él le preguntó: «¿Qué es el muro?»

Su anfitrión respondió: «Ven con nosotros y te mostraremos.»

Había más de veinte personas viviendo en la pequeña casa, y aunque ninguno de ellos sabía que era un sacerdote, sabían que se podía confiar en él.

Insatisfecho con las respuestas que había recibido, bajó las escaleras y encontró a una de las mujeres mayores que había conocido muchos, muchos años antes, y le preguntó: «¿Qué está pasando? ¿A donde van todos?»

Ella respondió suavemente: «Vamos al muro.» Él insistió, «Sí, pero ¿qué es el muro?»

Ella respondió con la misma gentileza: «Ven con nosotros y te mostraremos.»

Él se vistió y se aventuró a salir a la noche con el grupo. Caminaron por millas y en el camino se les unieron otros grupos. Ahora, todos juntos, eran casi 120 hombres, mujeres y niños. Pronto llegaron a un bosque, y cuando comenzaron a caminar, notó que algunos de los hombres del grupo estaban trepando los árboles.

Varios minutos después llegaron a un claro en el bosque, y en medio del claro había un pequeño muro de unos cuatro pies de alto, de un edificio viejo y abandonado. La anciana se volvió hacia él y sonrió con todo el amor de su corazón, y aunque él percibió un increíble entusiasmo en ella, no sabía por qué estaba tan entusiasmada. La gente parecía emocionada, pero él estaba asustado.

Mirando hacia los árboles, notó que había un círculo de hombres en los árboles que rodeaban el claro, y ahora, cuando el grupo se acercó al muro, cayeron de rodillas ante él.

Momentos después, un hombre se levantó y caminó hacia la pared, y luego, extendiendo una mano, sacó un solo ladrillo de la pared. Detrás del ladrillo había una pequeña custodia que sostenía la eucaristía. El grupo pasó una hora en oración silenciosa ante el santísimo sacramento, y luego el mismo hombre se levantó, se acercó a la pared y recolocó el ladrillo. Los hombres bajaron de sus posiciones de vigilancia en los árboles y el grupo regresó tranquilamente a casa.

Al día siguiente le dijo a la gente que era sacerdote, y ellos le dijeron que hacía diez años que no tenían misa en su pueblo. Una o dos veces por semana iban al muro en medio de la noche, arriesgando sus vidas, para pasar una hora con Jesús, verdaderamente presente en la eucaristía.

A la noche siguiente, el sacerdote celebro la misa frente al muro y reemplazó la hostia. Fue uno de los puntos culminantes de su sacerdocio.

No estoy seguro de que apreciemos el poder de Dios presente entre nosotros en cada tabernáculo en cada iglesia. Si este sacerdote hubiera sido descubierto esa noche, habría sido encarcelado y torturado, y el resto del grupo habrían sido encarcelados y posiblemente ejecutados. Esto lo sabían muy bien, y era un riesgo que estaban dispuestos a correr.

Ahora bien, la mayoría de nosotros no nos encontramos en circunstancias tan extraordinarias. Pero todos tenemos preguntas en nuestros corazones y desafíos en nuestras vidas. Todos buscamos claridad, curación, paz y propósito.

La experiencia me ha enseñado una y otra vez que todas las respuestas están en el tabernáculo. Puedo ir a muchas personas en mi vida y preguntarles qué creen que debo hacer en una situación dada, pero nada se compara con sentarme ante Jesús en el tabernáculo y plantearle mi pregunta.

Así que aquí está mi invitación para ti: pasa por una iglesia durante diez minutos todos los días de esta semana y pasa tiempo en silencio. Siéntate delante de Jesús en el tabernáculo. Si puedes, hazlo a primera hora de la mañana. Descubrirá que tus días son más productivos y enfocados, y llenos de una pasión vigorizante y una alegría embriagadora.

Jesús te espera en la eucaristía. Entra en el silencio y deja que él cambie tu vida.